ENGENHARIA [

COM PYTHON E SQL

Construa Pipelines de Dados Escaláveis

Edição 2025
Autor: Diego Rodrigues
studiod21portoalegre@gmail.com

Nota Importante

Os códigos e scripts apresentados neste livro têm como principal objetivo ilustrar, de forma prática, os conceitos discutidos ao longo dos capítulos. Foram desenvolvidos para demonstrar aplicações didáticas em ambientes controlados, podendo, portanto, exigir adaptações para funcionar corretamente em contextos distintos. É responsabilidade do leitor validar as configurações específicas do seu ambiente de

desenvolvimento antes da implementação prática.

Mais do que fornecer soluções prontas, este livro busca incentivar uma compreensão sólida dos fundamentos abordados, promovendo o pensamento crítico e a autonomia técnica. Os exemplos apresentados devem ser vistos como pontos de partida para que o leitor desenvolva suas próprias soluções, originais e adaptadas às demandas reais de sua carreira ou projetos. A verdadeira competência técnica surge da capacidade de internalizar os princípios essenciais e aplicá-los de forma criativa, estratégica e transformadora.

Estimulamos, portanto, que cada leitor vá além da simples reprodução dos exemplos, utilizando este conteúdo como base para construir códigos e scripts com identidade própria, capazes de gerar impacto significativo em sua trajetória profissional. Esse é o espírito do conhecimento aplicado: aprender profundamente para inovar com propósito.

Agradecemos pela confiança e desejamos uma jornada de estudo produtiva e inspiradora.

SAUDAÇÕES!

Olá, caro leitor!

É com grande entusiasmo que dou as boas-vindas a você, que escolheu mergulhar no fascinante universo da engenharia de dados com **Python e SQL**. Essa decisão demonstra não apenas seu desejo de expandir habilidades técnicas, mas também um compromisso admirável com o domínio de ferramentas fundamentais para o cenário tecnológico atual.

A engenharia de dados é mais do que uma prática técnica; ela é a base de uma era movida por informações. Python e SQL, quando combinados, formam uma dupla poderosa, essencial para arquitetar, gerenciar e otimizar fluxos de dados em sistemas modernos. Com eles, você pode transformar dados brutos em insights valiosos, construir pipelines escaláveis e alimentar as decisões que movem negócios e inovações.

Neste livro, você encontrará uma abordagem didática e progressiva que une teoria sólida à prática aplicada. Cada capítulo foi elaborado para oferecer desde os conceitos fundamentais até as técnicas mais avançadas de construção e manutenção de pipelines de dados. Nosso objetivo é fornecer as ferramentas e o conhecimento necessários para que você possa aplicar o que aprendeu em cenários reais e desafiadores.

Não importa se você é um iniciante curioso, um estudante explorando a área ou um profissional experiente buscando aperfeiçoar suas habilidades: este livro foi desenvolvido para atender a todos os níveis de experiência. Em cada página, você encontrará explicações claras, exemplos práticos e insights valiosos que facilitarão sua jornada de aprendizado e crescimento na engenharia de dados.

Vivemos em um mundo impulsionado por dados, e o domínio de Python e SQL é uma habilidade indispensável para quem deseja se destacar neste ambiente em constante evolução. Seja para criar pipelines em ambientes locais ou na nuvem, integrar dados em tempo real ou construir soluções escaláveis e resilientes, este livro será seu aliado em cada etapa do processo.

Prepare-se para uma jornada enriquecedora, onde teoria e prática se entrelaçam para capacitá-lo a transformar dados em valor. Vamos juntos construir um futuro onde você dominará a engenharia de dados como uma habilidade que conecta tecnologias, otimiza processos e inspira inovação.

Então, está pronto para começar sua trajetória como um expert em engenharia de dados com Python e SQL? Vamos juntos transformar desafios em soluções!

Boa leitura e sucesso!

SOBRE O AUTOR

Diego Rodrigues
Autor Técnico e Pesquisador Independente
ORCID: https://orcid.org/0009-0006-2178-634X
StudioD21 Smart Tech Content & Intell Systems
E-mail: studiod21portoalegre@gmail.com
LinkedIn: linkedin.com/in/diegoxpertai

Autor técnico internacional (*tech writer*) com foco em produção estruturada de conhecimento aplicado. É fundador da StudioD21 Smart Tech Content & Intell Systems, onde lidera a criação de frameworks inteligentes e a publicação de livros técnicos didáticos e com suporte por inteligência artificial, como as séries Kali Linux Extreme, SMARTBOOKS D21, entre outras.

Detentor de 42 certificações internacionais emitidas por instituições como IBM, Google, Microsoft, AWS, Cisco, META, Ec-Council, Palo Alto e Universidade de Boston, atua nos campos de Inteligência Artificial, Machine Learning, Ciência de Dados, Big Data, Blockchain, Tecnologias de Conectividade, Ethical Hacking e Threat Intelligence.

Desde 2003, desenvolveu mais de 200 projetos técnicos para marcas no Brasil, EUA e México. Em 2024, consolidou-se como um dos maiores autores de livros técnicos da nova geração, com mais de 180 títulos publicados em seis idiomas. Seu trabalho tem como base o protocolo próprio de escrita técnica aplicada TECHWRITE 2.2, voltado à escalabilidade, precisão conceitual e aplicabilidade prática em ambientes profissionais.

APRESENTAÇÃO DO LIVRO

Bem-vindo a esta jornada essencial no universo da engenharia de dados! Estamos muito felizes por você ter escolhido explorar este guia técnico, que combina de forma prática e acessível as principais ferramentas para dominar a construção de pipelines de dados escaláveis utilizando Python e SQL.

Vivemos em uma era onde os dados são a espinha dorsal da inovação e das tomadas de decisão em todos os setores. De empresas multinacionais a startups emergentes, o sucesso depende de como os dados são coletados, processados e transformados em insights. Python e SQL, juntos, formam um dos pilares mais fortes da engenharia de dados, permitindo desde a manipulação eficiente até a construção de sistemas complexos que escalam com o crescimento das demandas.

Este livro é mais do que um guia técnico; é um recurso estratégico para quem deseja se destacar em um mercado competitivo e em constante transformação. Ele foi projetado para atender a estudantes, profissionais iniciantes e até mesmo engenheiros de dados experientes que buscam atualizar seus conhecimentos com as técnicas mais atuais. Aqui, você encontrará um aprendizado progressivo, desde os fundamentos até os tópicos mais avançados, apresentados de forma clara e didática.

Por que este Livro é Indispensável?

A engenharia de dados não é apenas sobre manipular informações, mas sobre compreender o fluxo de dados de ponta a ponta e criar sistemas que resistam ao teste do tempo. A capacidade de dominar esses conceitos e ferramentas pode ser o diferencial para alavancar sua carreira ou garantir o sucesso de projetos ambiciosos. Este livro aborda tudo o que você precisa saber, explicando com detalhes como cada componente se conecta ao todo.

Agora, vamos explorar o que você encontrará em cada capítulo:

CAPÍTULO 1. Introdução à Engenharia de Dados

Este capítulo estabelece a base para o restante do livro, explicando o que é engenharia de dados e por que ela é fundamental no mundo moderno. Você aprenderá sobre o papel dos engenheiros de dados, os principais conceitos e a relevância dos pipelines de dados em um ambiente dominado por informações digitais.

CAPÍTULO 2. Python e SQL no Contexto de Engenharia de Dados

Python e SQL são ferramentas indispensáveis para engenheiros de dados. Aqui, discutimos como essas linguagens se complementam, permitindo desde manipulações simples até integrações complexas de dados. Você verá exemplos de aplicações práticas que demonstram a versatilidade dessas tecnologias.

CAPÍTULO 3. Fundamentos de Bancos de Dados Relacionais e Não-Relacionais

Neste capítulo, abordaremos os fundamentos dos bancos de dados, explicando as diferenças entre os modelos relacionais e não-relacionais. Você entenderá quando usar cada tipo, explorando casos de uso e as melhores práticas para arquitetura de dados eficiente.

CAPÍTULO 4. Estruturas de Dados e Algoritmos para Engenharia de Dados

A base para o processamento eficiente de dados começa com

uma boa compreensão de estruturas e algoritmos. Este capítulo cobre os principais tipos de estruturas de dados, como arrays, listas e árvores, e como aplicar algoritmos otimizados no contexto da engenharia de dados.

CAPÍTULO 5. Modelagem de Dados

Aqui, você aprenderá como projetar esquemas de banco de dados que sejam eficientes e escaláveis. Exploraremos as técnicas mais importantes para modelagem de dados, incluindo normalização, desnormalização e design orientado a consultas.

CAPÍTULO 6. Introdução a ETL (Extract, Transform, Load)

Este capítulo apresenta o conceito de ETL, essencial para integrar dados de várias fontes. Você verá como extrair informações, transformá-las para adequação ao objetivo e carregá-las em sistemas otimizados para análise.

CAPÍTULO 7. Automatização de Pipelines de Dados com Python

Python se destaca pela sua capacidade de automatizar processos complexos. Neste capítulo, exploraremos como criar pipelines automatizados usando frameworks como Apache Airflow, garantindo eficiência e reprodutibilidade.

CAPÍTULO 8. Consultas Avançadas em SQL

SQL é uma linguagem poderosa, e dominar suas funcionalidades avançadas é crucial. Este capítulo ensina técnicas como subconsultas, junções complexas e manipulações avançadas que aumentam a eficiência das consultas.

CAPÍTULO 9. Integração de Dados em Ambientes Híbridos

Muitos sistemas modernos operam em ambientes híbridos, combinando bancos de dados locais e na nuvem. Aqui, você aprenderá a integrar esses sistemas de forma harmoniosa e eficaz.

CAPÍTULO 10. Trabalhando com Dados em Tempo Real

Os dados em tempo real estão se tornando cada vez mais relevantes. Este capítulo aborda as ferramentas e estratégias para trabalhar com streaming de dados, garantindo atualizações instantâneas e decisões rápidas.

CAPÍTULO 11. Data Warehousing

Armazéns de dados são essenciais para análises históricas e de grande escala. Você aprenderá a projetar e implementar data warehouses, aproveitando ao máximo seu potencial.

CAPÍTULO 12. Monitoramento e Otimização de Pipelines

Neste capítulo, exploramos como monitorar a saúde dos pipelines e identificar gargalos de desempenho. Técnicas de otimização também são discutidas para garantir a eficiência contínua.

CAPÍTULO 13. Segurança e Governança de Dados

A segurança e a governança são pilares da engenharia de dados. Você entenderá como proteger dados sensíveis, garantir compliance e implementar políticas de acesso eficazes.

CAPÍTULO 14. Engenharia de Dados em Ambientes de Big Data

Ao trabalhar com grandes volumes de dados, ferramentas como Hadoop e Spark são indispensáveis. Este capítulo apresenta como usar essas tecnologias para processar dados em escala massiva.

CAPÍTULO 15. Integração com APIs e Web Services

APIs são a ponte para acessar dados externos. Aprenda a consumir e integrar essas informações em seus pipelines de forma eficiente.

CAPÍTULO 16. Machine Learning e Engenharia de Dados

A conexão entre engenharia de dados e aprendizado de máquina é crucial. Este capítulo aborda como preparar dados para modelos de machine learning e integrar os resultados em seus sistemas.

CAPÍTULO 17. Testes Automatizados em Pipelines de Dados

Confiabilidade é essencial. Aqui, você aprenderá como implementar testes automatizados para garantir que seus pipelines funcionem conforme o esperado.

CAPÍTULO 18. CI/CD para Engenharia de Dados

Automatizar deploys de pipelines é uma prática moderna e eficiente. Este capítulo explora como aplicar práticas de CI/CD na engenharia de dados.

CAPÍTULO 19. Arquitetura de Dados na Nuvem

A nuvem é um componente-chave em soluções escaláveis. Aprenda a projetar pipelines otimizados para ambientes como AWS e Google Cloud.

CAPÍTULO 20. Introdução ao DataOps

O DataOps é uma abordagem moderna que une práticas DevOps ao gerenciamento de dados. Descubra como implementá-lo em seus projetos.

CAPÍTULO 21. Trabalhando com Data Lakes

Este capítulo explora como organizar e acessar dados não estruturados em data lakes, maximizando seu valor.

CAPÍTULO 22. Desempenho e Escalabilidade de Consultas SQL

Otimizar consultas SQL é essencial para grandes sistemas. Este capítulo ensina como ajustar e escalonar consultas para melhor desempenho.

CAPÍTULO 23. Visualização de Dados para Engenharia

Visualizar os resultados de suas análises é tão importante quanto processá-los. Descubra ferramentas e técnicas para criar dashboards eficazes.

CAPÍTULO 24. Desafios e Tendências na Engenharia de Dados

A engenharia de dados está em constante evolução. Aqui, discutimos os desafios atuais e as tendências que moldarão o futuro.

CAPÍTULO 25. Estudo de Caso Completo

Por fim, consolidamos o aprendizado com um estudo de caso abrangente, onde você verá como construir um pipeline completo do início ao fim.

Por que Seguir nesta Jornada?

Cada capítulo deste livro foi pensado para equipá-lo com as habilidades necessárias para enfrentar desafios reais. A aplicação prática de conceitos teóricos, aliada a técnicas modernas, fará de você um profissional indispensável em um mercado em constante transformação.

Prepare-se para aprender, aplicar e se destacar. Este é o início de uma jornada transformadora, e estamos animados para fazer parte dela com você. Vamos começar!

CAPÍTULO 1. INTRODUÇÃO À ENGENHARIA DE DADOS

A engenharia de dados é uma das disciplinas mais estratégicas no universo da tecnologia da informação. Sua relevância cresce exponencialmente à medida que o volume de dados gerados por sistemas, aplicações e dispositivos aumenta de forma acelerada. A capacidade de lidar com essa abundância de informações, organizá-las, processá-las e transformá-las em recursos úteis é o que diferencia a engenharia de dados de outras áreas relacionadas à ciência da informação. Ela é o alicerce que sustenta a análise, o aprendizado de máquina, os sistemas de inteligência artificial e a tomada de decisões fundamentada em dados.

A engenharia de dados se destaca pela abrangência e complexidade das suas aplicações. Vai desde a coleta e armazenamento de dados até a criação de pipelines que integram e processam informações de forma eficiente. Por meio de tecnologias como Python e SQL, os engenheiros de dados conseguem transformar dados brutos em ativos estratégicos para empresas, universidades, organizações governamentais e até mesmo para pesquisas científicas.

Dominar a engenharia de dados exige compreensão não apenas dos conceitos básicos, mas também das ferramentas e processos que a tornam prática e eficiente. A importância da área está em sua capacidade de resolver problemas reais de maneira escalável, segura e automatizada. Ela também conecta diretamente a coleta e o armazenamento de dados ao desenvolvimento de modelos analíticos e preditivos. Essa conexão é a base para muitas das inovações que moldam o mundo contemporâneo.

O avanço da tecnologia trouxe desafios cada vez mais complexos. Organizações enfrentam dificuldades em gerenciar fluxos de dados que crescem constantemente em volume, variedade e velocidade. É aí que a engenharia de dados ganha relevância: ao propor soluções técnicas e arquitetônicas que garantem que os dados fluam de maneira eficiente e organizada. Desde a integração de APIs até a construção de sistemas que processam dados em tempo real, o campo exige habilidades técnicas robustas e uma mentalidade de resolução de problemas.

Uma das áreas centrais da engenharia de dados é o desenvolvimento de pipelines de dados, que são conjuntos de processos automatizados projetados para extrair, transformar e carregar dados em sistemas de armazenamento ou análise. Esses pipelines garantem que informações provenientes de fontes distintas sejam integradas e preparadas para uso analítico ou operacional. Eles também ajudam a evitar inconsistências, duplicações ou erros, garantindo que os dados estejam em um formato adequado para consumo por outros sistemas.

Os pipelines de dados são fundamentais em diferentes setores. Em logística, ajudam a rastrear e prever entregas com base em fluxos de dados em tempo real. Na saúde, integram registros médicos eletrônicos para melhorar diagnósticos e tratamentos. No comércio eletrônico, permitem personalizar experiências de compra com base em preferências e comportamentos do consumidor. Esses são apenas alguns dos inúmeros exemplos que demonstram como a engenharia de dados pode gerar impacto significativo em várias áreas.

No contexto da tecnologia moderna, o Python e o SQL se destacam como linguagens indispensáveis para engenheiros de dados. O Python é amplamente utilizado devido à sua simplicidade e versatilidade. Ele permite automação, análise e manipulação de grandes volumes de dados, além de ser compatível com uma vasta gama de bibliotecas específicas para engenharia de dados, como Pandas, NumPy e PySpark. Por outro lado, o SQL é a base para manipulação e consulta de bancos de dados, sendo essencial para extrair informações relevantes de grandes conjuntos de dados estruturados.

A combinação de Python e SQL torna possível resolver problemas de maneira eficiente e escalável. Por exemplo, um engenheiro pode usar SQL para consultar um banco de dados e extrair um subconjunto de informações relevantes, processando os resultados com Python para gerar relatórios detalhados ou alimentar um modelo preditivo. Essa sinergia entre as duas ferramentas permite desenvolver soluções personalizadas para os desafios que surgem no dia a dia de empresas e organizações.

Além das ferramentas e linguagens, a engenharia de dados envolve uma série de boas práticas e princípios que devem ser aplicados para garantir a qualidade e a integridade das informações. A governança de dados, por exemplo, é um aspecto crucial, pois estabelece diretrizes para o gerenciamento seguro e ético dos dados. Isso inclui garantir a conformidade com regulamentos como a Lei Geral de Proteção de Dados (LGPD) e o Regulamento Geral sobre a Proteção de Dados (GDPR).

A segurança de dados é outro pilar essencial. Proteger informações sensíveis contra acessos não autorizados e ataques cibernéticos é uma responsabilidade central dos engenheiros de dados. Isso é especialmente crítico em setores como saúde, finanças e governos, onde vazamentos de dados podem ter consequências severas. Técnicas como criptografia, autenticação robusta e monitoramento constante dos sistemas são frequentemente implementadas para reduzir riscos e aumentar a confiança nos processos.

Os engenheiros de dados também precisam lidar com a escalabilidade, ou seja, a capacidade de os sistemas suportarem aumentos no volume de dados sem perda significativa de desempenho. Isso envolve projetar arquiteturas que sejam flexíveis e adaptáveis, aproveitando recursos como computação em nuvem e bancos de dados distribuídos. Um pipeline escalável pode integrar milhares de registros por segundo, garantindo que organizações de todos os tamanhos sejam capazes de acompanhar as demandas crescentes do mercado.

Uma característica única da engenharia de dados é a sua interseção com outras disciplinas. Ela não opera de forma isolada, mas colabora com equipes de ciência de dados, análise de negócios, desenvolvimento de software e operações de TI. Essa colaboração é fundamental para alinhar os processos técnicos aos objetivos estratégicos das organizações. Por exemplo, enquanto um cientista de dados projeta modelos preditivos, o engenheiro de dados garante que o fluxo de informações necessário para treinar e implementar esses modelos esteja funcionando de maneira eficiente.

A introdução de tecnologias de aprendizado de máquina e inteligência artificial no fluxo de trabalho de engenharia de dados criou novas possibilidades e desafios. Hoje, muitos pipelines de dados incluem etapas específicas para preparar dados para treinamento de modelos, como normalização, imputação de valores ausentes e criação de novas features. Além disso, engenheiros de dados frequentemente implementam mecanismos para monitorar e validar a precisão de modelos em produção, garantindo que eles permaneçam relevantes e confiáveis ao longo do tempo.

A adoção de práticas ágeis e metodologias como DataOps também tem ganhado destaque. Inspirada pelo DevOps, a abordagem DataOps aplica princípios de integração contínua e entrega contínua à engenharia de dados, permitindo que equipes desenvolvam e atualizem pipelines de forma mais rápida e colaborativa. Isso ajuda a reduzir o tempo entre a coleta de dados e a geração de valor, um fator crucial em ambientes competitivos.

Um exemplo prático da aplicação da engenharia de dados pode ser observado no setor de transporte público. Para otimizar rotas e melhorar a experiência dos usuários, empresas utilizam sensores em veículos e estações para coletar dados em tempo real sobre tráfego, atrasos e capacidade dos veículos. Esses dados são então integrados em um pipeline que analisa os padrões de uso e fornece recomendações sobre ajustes nas rotas ou horários, beneficiando tanto os operadores quanto os passageiros.

Em resumo, a engenharia de dados é o núcleo da transformação digital. Ela conecta o potencial bruto dos dados à sua aplicação prática, permitindo que organizações tomem decisões mais informadas, criem inovações significativas e enfrentem os desafios de um mundo orientado por informações. Para profissionais que buscam uma carreira desafiadora e recompensadora, ou para empresas que desejam maximizar o valor de seus dados, a engenharia de dados oferece as ferramentas e estratégias necessárias para alcançar esses objetivos.

Este é apenas o início de uma jornada fascinante. A partir deste ponto, vamos explorar detalhadamente as técnicas, ferramentas e práticas que tornam a engenharia de dados uma disciplina tão vital e transformadora. Prepare-se para desenvolver habilidades técnicas robustas e aplicáveis, enquanto descobre como os dados podem ser o motor do progresso em todas as áreas da sociedade.

CAPÍTULO 2. PYTHON E SQL NO CONTEXTO DE ENGENHARIA DE DADOS

A integração de Python e SQL representa uma das combinações mais eficazes e amplamente utilizadas na engenharia de dados. Esses dois pilares tecnológicos oferecem uma abordagem abrangente para manipulação, análise e processamento de dados, sendo ferramentas essenciais para qualquer profissional da área. Enquanto o SQL se destaca no gerenciamento e consulta de dados em bancos de dados relacionais, o Python complementa essas capacidades com sua flexibilidade para automação, análise avançada e integração com bibliotecas específicas.

O SQL, Structured Query Language, foi projetado para interagir com bancos de dados relacionais, permitindo armazenar, recuperar e manipular dados de maneira eficiente. Sua sintaxe declarativa simplifica a criação de consultas que extraem informações específicas de grandes conjuntos de dados. Já o Python, com sua linguagem orientada a objetos e vasto ecossistema de bibliotecas, é ideal para processar e transformar os dados extraídos, gerando insights e resultados que podem ser usados em diversos contextos.

A interação entre Python e SQL é particularmente vantajosa quando se trata de construir pipelines de dados escaláveis. Python pode ser usado para automatizar a execução de consultas SQL, processar os resultados e integrá-los em fluxos contínuos de dados. Isso elimina a necessidade de intervenção manual, otimizando os processos e garantindo consistência nos resultados.

Uma aplicação comum dessa integração é a construção de sistemas que analisam dados transacionais em tempo real. Um banco de dados SQL pode armazenar registros de transações, enquanto Python processa essas informações para identificar tendências, detectar anomalias ou gerar relatórios personalizados. O uso combinado permite uma abordagem eficiente e adaptável para lidar com dados dinâmicos e complexos.

No mundo moderno da engenharia de dados, a necessidade de trabalhar com dados provenientes de diversas fontes exige ferramentas que possam se adaptar facilmente a diferentes ambientes. Python e SQL juntos atendem perfeitamente a essa demanda. Um engenheiro de dados pode usar SQL para acessar um banco de dados relacional e Python para conectar APIs externas, combinando dados estruturados e não estruturados em um pipeline coeso.

Abaixo está um exemplo de como Python pode ser usado para interagir com um banco de dados SQL. A biblioteca sqlite3 é usada para demonstrar a simplicidade com que as duas tecnologias podem ser integradas.

python

```python
import sqlite3

# Criando uma conexão com o banco de dados
connection = sqlite3.connect('database.db')

# Criando um cursor para executar comandos SQL
cursor = connection.cursor()

# Criando uma tabela
cursor.execute('''
CREATE TABLE IF NOT EXISTS sales (
```

```
    id INTEGER PRIMARY KEY,
    product_name TEXT,
    quantity INTEGER,
    price REAL
)
''')

# Inserindo dados na tabela
cursor.execute('''
INSERT INTO sales (product_name, quantity, price)
VALUES ('Widget', 10, 19.99)
''')

# Commit para salvar as alterações
connection.commit()

# Realizando uma consulta
cursor.execute('SELECT * FROM sales')
rows = cursor.fetchall()

# Iterando pelos resultados
for row in rows:
    print(row)

# Fechando a conexão
connection.close()
```

O código acima demonstra como criar uma tabela, inserir dados e recuperá-los usando Python e SQL. A tabela sales armazena informações de vendas, e as operações são executadas de maneira eficiente por meio da integração das duas ferramentas.

Além do SQLite, Python suporta diversas outras bibliotecas para conectar-se a bancos de dados, como pymysql para MySQL, psycopg2 para PostgreSQL e cx_Oracle para Oracle. Cada biblioteca oferece métodos específicos para interagir com os respectivos sistemas de gerenciamento de bancos de dados, permitindo que engenheiros de dados escolham a solução mais adequada às suas necessidades.

O SQL é frequentemente usado para consultas que extraem informações específicas de um banco de dados. Por exemplo, para calcular a receita total gerada por produto, você pode usar a seguinte consulta SQL:

sql

```sql
SELECT product_name, SUM(quantity * price) AS total_revenue
FROM sales
GROUP BY product_name;
```

Python pode ser usado para executar essa consulta dinamicamente e processar os resultados para posterior análise ou visualização. Veja como isso pode ser feito utilizando a biblioteca sqlite3:

python

```python
import sqlite3

# Conectando ao banco de dados
connection = sqlite3.connect('database.db')
cursor = connection.cursor()

# Executando a consulta SQL
query = '''
SELECT product_name, SUM(quantity * price) AS total_revenue
FROM sales
GROUP BY product_name
'''
cursor.execute(query)

# Recuperando e processando os resultados
results = cursor.fetchall()
```

```python
for product, revenue in results:
    print(f'Product: {product}, Total Revenue: ${revenue:.2f}')

# Fechando a conexão
connection.close()
```

A execução de consultas SQL diretamente no Python simplifica a integração entre os dados armazenados e os processos analíticos. Além disso, Python oferece bibliotecas como Pandas, que tornam o processamento e a análise de dados ainda mais poderosos. Após recuperar os dados de uma consulta SQL, eles podem ser carregados em um DataFrame para manipulação adicional.

Abaixo está um exemplo de uso da biblioteca Pandas para carregar os dados diretamente de uma consulta SQL e gerar um relatório com estatísticas resumidas:

python

```python
import sqlite3
import pandas as pd

# Conectando ao banco de dados
connection = sqlite3.connect('database.db')

# Carregando os dados em um DataFrame
query = 'SELECT * FROM sales'
df = pd.read_sql_query(query, connection)

# Analisando os dados
print(df.describe())
print(df.groupby('product_name')['quantity'].sum())

# Fechando a conexão
connection.close()
```

Neste código, os dados são transferidos do banco de dados

para um DataFrame Pandas. Isso permite realizar operações mais complexas, como agregações, filtragens e visualizações, com maior eficiência. Por exemplo, é possível gerar gráficos que destacam tendências ou insights importantes.

A interação entre Python e SQL é útil também em pipelines de ETL (Extract, Transform, Load). Um exemplo prático seria extrair dados de um banco relacional, realizar transformações em Python e carregá-los em outro sistema para análise posterior. O código a seguir demonstra como isso pode ser feito:

python

```python
import sqlite3
import pandas as pd

# Conexão com o banco de origem
source_connection = sqlite3.connect('source.db')
source_query = 'SELECT * FROM raw_data'
raw_data = pd.read_sql_query(source_query,
source_connection)

# Transformação dos dados
raw_data['price'] = raw_data['price'] * 1.1  # Ajustando preços
com um aumento de 10%
raw_data['quantity'] = raw_data['quantity'].fillna(0)  #
Substituindo valores ausentes por zero

# Conexão com o banco de destino
destination_connection = sqlite3.connect('destination.db')
raw_data.to_sql('processed_data', destination_connection,
if_exists='replace', index=False)

# Fechando as conexões
source_connection.close()
destination_connection.close()
```

O pipeline automatizado permite mover dados de um sistema

para outro enquanto realiza transformações, como ajustes em valores ou preenchimento de lacunas. Isso demonstra a eficiência do uso combinado de Python e SQL para construir fluxos de dados que atendem a requisitos específicos.

Outro aspecto importante da integração entre Python e SQL é sua aplicabilidade em sistemas distribuídos e em nuvem. Bibliotecas como sqlalchemy permitem conexões eficientes com bancos de dados hospedados em plataformas como Amazon RDS, Google Cloud SQL ou Microsoft Azure SQL Database.

CAPÍTULO 3. FUNDAMENTOS DE BANCOS DE DADOS RELACIONAIS E NÃO-RELACIONAIS

A escolha entre bancos de dados relacionais e não-relacionais é uma decisão estratégica na engenharia de dados, influenciada pelo tipo de aplicação, a natureza dos dados e os requisitos do sistema. Bancos relacionais e não-relacionais diferem fundamentalmente em como estruturam, armazenam e acessam informações, mas ambos desempenham papéis críticos no cenário moderno de processamento de dados.

Bancos de dados relacionais (RDBMS) seguem uma abordagem estruturada, baseada em tabelas. Cada tabela é composta por linhas e colunas, representando registros e atributos, respectivamente. Eles utilizam a linguagem SQL para manipulação e consulta, sendo amplamente adotados em aplicações que exigem integridade, consistência e suporte a transações. Exemplos incluem MySQL, PostgreSQL e Oracle Database.

Os bancos de dados não-relacionais (NoSQL) têm uma abordagem flexível para armazenamento, com modelos como documentos, pares chave-valor, grafos e colunas amplas. Eles são projetados para lidar com grandes volumes de dados não estruturados ou semi-estruturados, oferecendo escalabilidade horizontal e alta performance. Exemplos incluem MongoDB, Cassandra, Redis e Neo4j.

A arquitetura de um banco relacional é ideal para situações em que os dados seguem uma estrutura fixa. Por exemplo, em um sistema de gerenciamento de pedidos, tabelas como customers, orders e products podem ser relacionadas por chaves primárias e estrangeiras. O SQL fornece uma maneira poderosa de realizar consultas complexas para analisar essas relações.

sql

```sql
SELECT c.name, o.order_date, p.product_name, o.quantity
FROM customers c
JOIN orders o ON c.customer_id = o.customer_id
JOIN products p ON o.product_id = p.product_id
WHERE c.name = 'John Doe';
```

Esta consulta retorna informações detalhadas sobre os pedidos feitos por um cliente específico. A capacidade de unir tabelas é uma das maiores vantagens dos bancos relacionais, pois permite representar relacionamentos complexos de maneira eficiente.

Por outro lado, bancos não-relacionais como o MongoDB armazenam dados em formato de documentos JSON ou BSON, permitindo que cada documento tenha uma estrutura flexível. Isso é particularmente útil para dados que variam em estrutura ou para sistemas que exigem iteração rápida de esquemas. Um exemplo de documento em MongoDB para um pedido poderia ser:

json

```json
{
    "order_id": 12345,
    "customer_name": "John Doe",
    "order_date": "2024-01-01",
    "items": [
        {
            "product_name": "Widget",
            "quantity": 2,
            "price": 19.99
        },
```

```
    {
      "product_name": "Gadget",
      "quantity": 1,
      "price": 29.99
    }
  ],
  "total": 69.97
}
```

A flexibilidade no design permite armazenar dados aninhados e complexos sem a necessidade de normalização. Consultas podem ser realizadas diretamente nos documentos com o MongoDB Query Language (MQL):

javascript

```
db.orders.find({
   customer_name: "John Doe"
});
```

Os bancos relacionais são conhecidos por aderirem ao modelo ACID (Atomicidade, Consistência, Isolamento, Durabilidade), garantindo que transações sejam confiáveis mesmo em cenários de falha. Isso os torna ideais para sistemas financeiros ou aplicativos onde precisão e consistência são cruciais.

Bancos não-relacionais, por outro lado, frequentemente seguem o modelo BASE (Basicamente Disponível, Estado Flexível e Eventualmente Consistente). Eles priorizam disponibilidade e escalabilidade em detrimento de consistência imediata, sendo mais adequados para sistemas distribuídos em larga escala, como plataformas de mídia social e e-commerce.

A escolha entre um banco relacional e não-relacional também depende do volume e da velocidade dos dados. Bancos relacionais geralmente escalam verticalmente, aumentando a capacidade de hardware de um único servidor. Bancos não-relacionais escalam horizontalmente, adicionando mais servidores para lidar com volumes crescentes de dados.

Para integrar as vantagens de ambos os mundos, muitas aplicações adotam uma abordagem híbrida. Um exemplo seria usar um banco relacional para armazenar dados críticos e consistentes, como informações de usuários, e um banco não-relacional para logs de eventos ou dados analíticos em tempo real.

O seguinte código Python demonstra como interagir com um banco relacional usando psycopg2 para PostgreSQL:

python

```python
import psycopg2

connection = psycopg2.connect(
    dbname="ecommerce",
    user="admin",
    password="securepassword",
    host="localhost",
    port="5432"
)

cursor = connection.cursor()

cursor.execute('''
SELECT customer_id, SUM(total) AS total_spent
FROM orders
GROUP BY customer_id
ORDER BY total_spent DESC
LIMIT 5;
''')

top_customers = cursor.fetchall()
for customer in top_customers:
    print(f"Customer ID: {customer[0]}, Total Spent:
{customer[1]:.2f}")
```

```
connection.close()
```

Este código conecta-se a um banco de dados PostgreSQL, executa uma consulta SQL para identificar os principais clientes por volume de gastos e exibe os resultados.

Para interagir com um banco não-relacional como o MongoDB, a biblioteca pymongo pode ser usada. O código a seguir mostra como consultar dados armazenados em um formato de documento:

python

```python
from pymongo import MongoClient

client = MongoClient("mongodb://localhost:27017/")
db = client["ecommerce"]
orders = db["orders"]

pipeline = [
    {"$unwind": "$items"},
    {"$group": {
        "_id": "$items.product_name",
        "total_sales": {"$sum": "$items.quantity"}
    }},
    {"$sort": {"total_sales": -1}},
    {"$limit": 5}
]

top_products = orders.aggregate(pipeline)
for product in top_products:
    print(f"Product: {product['_id']}, Total Sales:
{product['total_sales']}")
```

O código identifica os produtos mais vendidos em um banco de dados MongoDB. Ele utiliza o recurso de agregação para processar e calcular informações diretamente no banco, demonstrando a eficiência de operações complexas em bancos não-relacionais.

A arquitetura de sistemas modernos frequentemente combina bancos relacionais e não-relacionais para atender a diferentes requisitos. Por exemplo, uma aplicação de e-commerce pode usar um banco relacional para informações de clientes e pedidos, enquanto armazena logs de navegação e preferências de usuários em um banco não-relacional.

A escolha da tecnologia deve sempre considerar fatores como consistência, escalabilidade, flexibilidade e desempenho. Bancos relacionais oferecem confiabilidade e precisão, enquanto bancos não-relacionais são ideais para situações em que os dados variam em estrutura ou onde o volume e a velocidade são prioridades.

Com a evolução constante das tecnologias, tanto bancos relacionais quanto não-relacionais continuam a se adaptar para atender às necessidades crescentes de armazenamento e processamento de dados. A engenharia de dados se beneficia diretamente dessa diversidade, oferecendo aos profissionais ferramentas poderosas para construir sistemas eficientes e resilientes.

CAPÍTULO 4. ESTRUTURAS DE DADOS E ALGORITMOS PARA ENGENHARIA DE DADOS

A eficiência na manipulação e processamento de dados depende diretamente da escolha adequada de estruturas de dados e algoritmos. Na engenharia de dados, essas escolhas afetam o desempenho de pipelines, a escalabilidade de sistemas e a qualidade das soluções implementadas. Dominar essas técnicas é essencial para lidar com os desafios impostos pelo volume crescente de informações e pela complexidade das demandas analíticas.

Estruturas de dados são os blocos fundamentais que organizam e armazenam informações de forma que possam ser acessadas e manipuladas com eficiência. Os algoritmos, por sua vez, são sequências de passos lógicos que utilizam essas estruturas para realizar tarefas específicas, como busca, ordenação e agregação.

A escolha da estrutura de dados correta depende do tipo de operação que será realizada com mais frequência. Arrays e listas são úteis para acesso sequencial e manipulações simples, enquanto árvores e grafos são mais adequados para representar hierarquias ou conexões complexas. Pilhas e filas oferecem soluções para processamento ordenado, e tabelas hash permitem acessos rápidos baseados em chaves.

Arrays e Listas

Arrays são estruturas de dados que armazenam elementos de tamanho fixo em locais contíguos de memória. Eles permitem acesso eficiente por índice, mas têm limitações em operações como inserção e remoção, especialmente em grandes volumes de dados.

Uma lista é uma implementação dinâmica que supera algumas limitações dos arrays, permitindo o redimensionamento automático e facilitando operações de inserção e remoção em posições arbitrárias. A lista em Python é uma estrutura altamente flexível, implementada como um array dinâmico.

python

```python
# Criação e manipulação de uma lista em Python
data = [10, 20, 30, 40, 50]

# Acesso por índice
print(data[2]) # Saída: 30

# Adicionando elementos
data.append(60)

# Removendo elementos
data.remove(30)

# Iterando sobre os elementos
for value in data:
    print(value)
```

Listas são frequentemente utilizadas em pipelines de dados para armazenar registros temporários ou organizar informações extraídas de diferentes fontes.

Pilhas e Filas

Pilhas são estruturas de dados baseadas no princípio LIFO (Last In, First Out), onde o último elemento adicionado é o primeiro a ser removido. Elas são úteis em situações como reversão de strings, avaliação de expressões e gerenciamento de chamadas recursivas.

python

```python
# Implementação de uma pilha usando lista
stack = []

# Adicionando elementos
stack.append(1)
stack.append(2)
stack.append(3)

# Removendo o último elemento
print(stack.pop())  # Saída: 3
```

Filas seguem o princípio FIFO (First In, First Out), onde o primeiro elemento inserido é o primeiro a ser removido. São amplamente usadas em sistemas de processamento de dados em lote ou filas de mensagens.

python

```python
from collections import deque

# Implementação de uma fila usando deque
queue = deque()

# Adicionando elementos
queue.append(1)
queue.append(2)
queue.append(3)

# Removendo o primeiro elemento
print(queue.popleft())  # Saída: 1
```

Ambas as estruturas têm aplicações em processamento assíncrono, algoritmos de busca em largura e sistemas de enfileiramento de tarefas.

Tabelas Hash

Tabelas hash são utilizadas para armazenar pares de chave-valor, permitindo buscas rápidas com complexidade próxima a O(1). Elas são implementadas em Python como dicionários.

python

```
# Criando uma tabela hash
hash_table = {}

# Inserindo pares de chave-valor
hash_table['name'] = 'Alice'
hash_table['age'] = 30

# Acessando valores por chave
print(hash_table['name']) # Saída: Alice

# Verificando se uma chave existe
if 'age' in hash_table:
    print("Age is present")
```

Tabelas hash são ideais para indexação, armazenamento em cache e contagem de frequências em grandes conjuntos de dados.

Árvores

Árvores são estruturas hierárquicas compostas de nós, onde cada nó contém um valor e referências a outros nós (filhos). Árvores binárias e árvores de busca binária são variações comuns, usadas para representar relações hierárquicas ou ordenar informações.

python

```
class Node:
    def __init__(self, value):
        self.value = value
        self.left = None
```

```
        self.right = None

# Criando uma árvore binária
root = Node(10)
root.left = Node(5)
root.right = Node(15)

# Percorrendo a árvore em ordem
def inorder_traversal(node):
    if node:
        inorder_traversal(node.left)
        print(node.value)
        inorder_traversal(node.right)

inorder_traversal(root)
```

As árvores têm aplicações em sistemas de arquivos, bancos de dados e algoritmos como compressão de dados e busca eficiente.

Grafos

Grafos são estruturas que consistem em nós (vértices) conectados por arestas. Eles podem ser direcionados ou não, ponderados ou não, e são úteis para modelar redes, como rotas, redes sociais ou sistemas de transporte.

python

```
# Representação de um grafo usando lista de adjacência
graph = {
    'A': ['B', 'C'],
    'B': ['A', 'D'],
    'C': ['A', 'D'],
    'D': ['B', 'C']
}

# Busca em profundidade
def dfs(graph, node, visited=set()):
```

```python
        if node not in visited:
            print(node)
            visited.add(node)
            for neighbor in graph[node]:
                dfs(graph, neighbor, visited)

dfs(graph, 'A')
```

Grafos são utilizados em algoritmos de busca de caminhos, como Dijkstra, e em sistemas de recomendação.

Algoritmos de Ordenação e Busca

A ordenação é uma operação fundamental em engenharia de dados. Algoritmos como Bubble Sort, Merge Sort e Quick Sort têm diferentes características de desempenho e são usados dependendo do tamanho e da natureza dos dados.

python

```python
# Implementação de Bubble Sort
def bubble_sort(arr):
    n = len(arr)
    for i in range(n):
        for j in range(0, n-i-1):
            if arr[j] > arr[j+1]:
                arr[j], arr[j+1] = arr[j+1], arr[j]

data = [64, 34, 25, 12, 22, 11, 90]
bubble_sort(data)
print(data)
```

A busca eficiente é outro aspecto crucial. Algoritmos como busca binária oferecem grande eficiência em conjuntos de dados ordenados.

python

```python
# Implementação de Busca Binária
def binary_search(arr, x):
    low, high = 0, len(arr) - 1
    while low <= high:
        mid = (low + high) // 2
        if arr[mid] == x:
            return mid
        elif arr[mid] < x:
            low = mid + 1
        else:
            high = mid - 1
    return -1

data = [10, 20, 30, 40, 50]
result = binary_search(data, 30)
print(f"Element found at index: {result}")
```

A escolha de algoritmos de ordenação e busca deve levar em conta a quantidade de dados e os requisitos de desempenho.

Estruturas de Dados para Big Data

No contexto de big data, estruturas como heaps e tries são usadas para lidar com grandes volumes de informações. Heaps são úteis em algoritmos de priorização, enquanto tries são eficientes para operações de busca em strings.

python

```python
# Implementação de uma Trie
class TrieNode:
    def __init__(self):
        self.children = {}
        self.end_of_word = False

class Trie:
    def __init__(self):
```

```python
        self.root = TrieNode()

    def insert(self, word):
        node = self.root
        for char in word:
            if char not in node.children:
                node.children[char] = TrieNode()
            node = node.children[char]
        node.end_of_word = True

    def search(self, word):
        node = self.root
        for char in word:
            if char not in node.children:
                return False
            node = node.children[char]
        return node.end_of_word

trie = Trie()
trie.insert("data")
trie.insert("engine")
print(trie.search("data")) # Saída: True
print(trie.search("science")) # Saída: False
```

A aplicação prática dessas estruturas é indispensável na construção de pipelines escaláveis e na resolução de problemas complexos de processamento de dados. A escolha cuidadosa da estrutura de dados e do algoritmo correto melhora significativamente o desempenho e a eficiência de sistemas em larga escala.

CAPÍTULO 5. MODELAGEM DE DADOS

A modelagem de dados é uma etapa essencial no design de sistemas de armazenamento e processamento de informações. Um modelo bem projetado organiza os dados de forma lógica, eficiente e escalável, permitindo que sejam manipulados e consultados com alto desempenho. Além disso, a modelagem de dados cria uma base sólida para a integridade, consistência e governança das informações em sistemas complexos.

A modelagem de dados começa com a compreensão do problema a ser resolvido e a definição de como os dados serão organizados para atender aos requisitos funcionais e não funcionais de um sistema. Estruturas claras e bem definidas ajudam a reduzir redundâncias, melhorar o desempenho das consultas e garantir que o sistema possa escalar conforme as demandas aumentam.

Modelagem Conceitual, Lógica e Física

A modelagem de dados pode ser dividida em três etapas: conceitual, lógica e física. Cada uma delas desempenha um papel crucial no processo de desenvolvimento.

- A modelagem conceitual foca na identificação das entidades principais, seus atributos e os relacionamentos entre elas. Esta etapa é frequentemente representada por diagramas de entidade-relacionamento (ER), que mostram como as diferentes partes do sistema interagem.

- A modelagem lógica aprofunda os detalhes da modelagem conceitual, definindo o esquema do banco de dados em termos de tabelas, colunas, tipos de dados e relacionamentos. Não há preocupação com a implementação física do sistema nesta fase.

- A modelagem física traduz o modelo lógico para um banco de dados específico, considerando detalhes de implementação como índices, particionamento e otimizações específicas da tecnologia escolhida.

Normalização de Dados

A normalização é uma técnica usada para organizar os dados de maneira a minimizar redundâncias e dependências. Ela divide grandes tabelas em tabelas menores e define relacionamentos claros entre elas. Existem várias formas normais (FN), e a aplicação depende dos requisitos do sistema.

A Primeira Forma Normal (1FN) exige que os dados em cada coluna de uma tabela sejam atômicos, ou seja, não podem ser divididos em partes menores. Para alcançar a 1FN, é necessário eliminar conjuntos repetitivos de dados.

sql

```sql
-- Estrutura não normalizada
CREATE TABLE orders (
    order_id INT,
    customer_name VARCHAR(100),
    product_list VARCHAR(500) -- Exemplo: "Widget, Gadget"
);

-- Estrutura normalizada (1FN)
CREATE TABLE orders (
    order_id INT,
    customer_name VARCHAR(100)
);
```

```sql
CREATE TABLE order_items (
    order_item_id INT,
    order_id INT,
    product_name VARCHAR(100)
);
```

A Segunda Forma Normal (2FN) elimina dependências parciais de chaves primárias em tabelas com chaves compostas, enquanto a Terceira Forma Normal (3FN) remove dependências transitivas. Aplicar essas formas normais melhora a integridade dos dados, mas pode aumentar a complexidade das consultas.

Desnormalização de Dados

Embora a normalização seja recomendada para a maioria dos sistemas, em cenários onde o desempenho das consultas é uma prioridade, a desnormalização pode ser útil. Este processo reintroduz redundâncias controladas para reduzir o número de junções necessárias em consultas frequentes.

sql

```sql
-- Estrutura normalizada
CREATE TABLE customers (
    customer_id INT,
    customer_name VARCHAR(100)
);

CREATE TABLE orders (
    order_id INT,
    customer_id INT,
    order_date DATE
);

-- Estrutura desnormalizada
CREATE TABLE orders_with_customers (
    order_id INT,
```

```sql
    customer_name VARCHAR(100),
    order_date DATE
);
```

A desnormalização deve ser usada com cautela, pois pode aumentar os custos de armazenamento e os riscos de inconsistência.

Modelagem Relacional

A modelagem relacional organiza os dados em tabelas que se relacionam por meio de chaves primárias e estrangeiras. Essa abordagem é ideal para sistemas onde a consistência e a integridade são fundamentais.

sql

```sql
-- Definindo uma tabela de clientes
CREATE TABLE customers (
    customer_id INT PRIMARY KEY,
    customer_name VARCHAR(100),
    email VARCHAR(100)
);

-- Definindo uma tabela de pedidos
CREATE TABLE orders (
    order_id INT PRIMARY KEY,
    customer_id INT,
    order_date DATE,
    FOREIGN KEY (customer_id) REFERENCES
customers(customer_id)
);
```

O uso de chaves estrangeiras garante que os dados relacionados sejam consistentes. Por exemplo, um pedido não pode referenciar um cliente que não existe.

Modelagem NoSQL

A modelagem de dados em bancos NoSQL, como MongoDB ou Cassandra, difere significativamente da abordagem relacional. Em vez de tabelas relacionadas, os dados são organizados em coleções, documentos ou colunas amplas, dependendo do modelo de armazenamento.

No MongoDB, os documentos armazenados em coleções permitem a incorporação de dados relacionados, reduzindo a necessidade de junções.

json

```json
{
    "order_id": 12345,
    "customer": {
        "customer_id": 1,
        "customer_name": "John Doe"
    },
    "items": [
        {
            "product_name": "Widget",
            "quantity": 2,
            "price": 19.99
        },
        {
            "product_name": "Gadget",
            "quantity": 1,
            "price": 29.99
        }
    ],
    "order_date": "2024-01-01"
}
```

Essa abordagem é ideal para sistemas que requerem alta escalabilidade e desempenho em leituras frequentes.

Modelagem para Big Data

Sistemas de big data, como Hadoop e Spark, exigem abordagens específicas para modelagem de dados devido ao volume e à variedade das informações. Em vez de tabelas ou documentos, os dados são frequentemente representados em arquivos distribuídos ou estruturas otimizadas para processamento em paralelo.

Em bancos como Cassandra, os dados são organizados em tabelas baseadas em colunas amplas. Esse modelo prioriza a performance das leituras para casos de uso específicos.

sql

```sql
-- Definindo uma tabela em Cassandra
CREATE TABLE user_activity (
    user_id UUID,
    activity_date DATE,
    activity_type TEXT,
    activity_data TEXT,
    PRIMARY KEY (user_id, activity_date)
);
```

Tal estrutura permite consultas rápidas para atividades de usuários em um intervalo de datas.

Estratégias para Modelagem Escalável

Uma modelagem eficiente e escalável requer planejamento cuidadoso. Alguns princípios incluem:

1. **Análise de Padrões de Uso:** Entender como os dados serão acessados e consultados ajuda a otimizar o design.
2. **Particionamento:** Dividir os dados em segmentos menores melhora a escalabilidade e o desempenho em bancos distribuídos.
3. **Indexação:** Criar índices nos campos mais consultados reduz o tempo de recuperação das informações.

4. **Monitoramento e Ajustes:** Revisar periodicamente o esquema para adaptá-lo a mudanças nos requisitos do sistema.

Indexação para Consultas Rápidas

A indexação é uma técnica que melhora o desempenho das consultas criando estruturas adicionais que permitem acesso mais rápido aos dados.

sql

```sql
-- Criando um índice em uma tabela de pedidos
CREATE INDEX idx_order_date ON orders(order_date);
```

Com esse índice, consultas baseadas na data do pedido são realizadas com maior eficiência.

Governança e Segurança na Modelagem

Além de considerar desempenho e escalabilidade, a modelagem de dados deve garantir conformidade com regulamentações de privacidade e segurança. Isso inclui criptografar dados sensíveis, implementar controles de acesso e documentar o esquema do banco de dados para facilitar auditorias.

A modelagem de dados é o alicerce de sistemas eficientes e escaláveis. Ela define como os dados serão armazenados, acessados e manipulados, influenciando diretamente o desempenho e a integridade do sistema. Técnicas como normalização, desnormalização, particionamento e indexação devem ser aplicadas estrategicamente, considerando os requisitos específicos de cada projeto. Combinando boas práticas e ferramentas adequadas, é possível criar soluções robustas que atendem às demandas atuais e futuras da engenharia de dados.

CAPÍTULO 6. INTRODUÇÃO A ETL (EXTRACT, TRANSFORM, LOAD)

O processo de ETL, que significa Extract, Transform, Load, é um componente essencial da engenharia de dados. Ele fornece uma estrutura organizada para mover, transformar e armazenar dados de diversas fontes em um sistema centralizado, como um data warehouse ou banco de dados analítico. O ETL é amplamente utilizado em cenários empresariais e de análise de dados, permitindo que informações sejam integradas e preparadas para gerar insights acionáveis.

Definição e Importância

ETL é composto por três etapas principais:

1. **Extract (Extração):** Os dados são coletados de uma ou mais fontes, que podem incluir bancos de dados relacionais, APIs, arquivos CSV, logs de aplicativos e sistemas legados. A etapa de extração é projetada para acessar os dados de maneira eficiente e garantir que eles sejam transferidos para o próximo estágio sem perdas.

2. **Transform (Transformação):** Os dados brutos extraídos raramente estão prontos para uso imediato. A transformação envolve limpeza, padronização, formatação e a aplicação de regras de negócios para tornar os dados úteis. Isso inclui etapas como remoção de duplicatas, preenchimento de valores ausentes, agregações e cálculos.

3. **Load (Carregamento):** Após a transformação, os dados

são carregados no destino final, como um banco de dados central ou data warehouse. Esse estágio garante que os dados estejam disponíveis para análise, geração de relatórios ou consumo por outros sistemas.

O ETL é crucial em um mundo onde dados são gerados continuamente em grande volume e a partir de diferentes fontes. Ele ajuda a unificar essas informações em um formato estruturado, reduzindo complexidades e garantindo qualidade nos processos de análise.

Fases do Processo ETL

Extração:

A extração é o ponto de partida do ETL e requer ferramentas e estratégias eficazes para coletar dados. Fontes comuns de dados incluem bancos de dados relacionais como MySQL e PostgreSQL, arquivos como JSON e CSV, e APIs que fornecem dados em tempo real.

Uma ferramenta popular para extração é a biblioteca pandas do Python, que permite ler dados de várias fontes. A seguir está um exemplo de como extrair dados de um arquivo CSV e uma API REST:

python

```python
import pandas as pd
import requests

# Extraindo dados de um arquivo CSV
csv_data = pd.read_csv('data.csv')
print(csv_data.head())

# Extraindo dados de uma API
response = requests.get('https://api.example.com/data')
api_data = response.json()
print(api_data)
```

Transformação:

A transformação é uma etapa crítica do ETL, onde os dados são refinados para atender aos requisitos do sistema ou aplicação final. Isso pode incluir operações como normalização, agregações, cálculos derivados e tratamento de valores ausentes.

Abaixo está um exemplo de transformação usando a biblioteca pandas. Os dados extraídos de um arquivo são limpos e formatados antes de serem carregados.

python

```python
# Limpando e transformando os dados
csv_data['price'] = csv_data['price'].fillna(0)   # Preenchendo valores ausentes
csv_data['total'] = csv_data['quantity'] * csv_data['price'] # Calculando o total
csv_data = csv_data[csv_data['quantity'] > 0] # Filtrando linhas com quantidade válida

print(csv_data)
```

Transformações mais avançadas podem envolver a aplicação de regras de negócios, como a categorização de clientes com base em seus hábitos de compra ou a identificação de tendências de vendas.

Carregamento:

O carregamento garante que os dados processados estejam disponíveis no destino final para análise ou outros usos. Dependendo do volume e do tipo de dados, o carregamento pode ser realizado de maneira incremental ou em lotes.

O código a seguir mostra como carregar dados transformados em um banco de dados PostgreSQL usando a biblioteca psycopg2.

python

```
import psycopg2

# Conectando ao banco de dados
connection = psycopg2.connect(
    dbname="analytics",
    user="admin",
    password="securepassword",
    host="localhost",
    port="5432"
)

cursor = connection.cursor()

# Inserindo os dados transformados
for _, row in csv_data.iterrows():
    cursor.execute('''
        INSERT INTO sales (product_name, quantity, price, total)
        VALUES (%s, %s, %s, %s)
    ''',  (row['product_name'],  row['quantity'],  row['price'],
row['total']))

connection.commit()
connection.close()
```

Ferramentas de ETL

Existem muitas ferramentas disponíveis que facilitam a execução de pipelines ETL. Algumas das mais populares incluem:

- **Apache Airflow:** Ferramenta de código aberto para orquestração de workflows. Permite agendar e monitorar pipelines ETL complexos.

- **Talend:** Plataforma comercial com suporte a diversas fontes de dados e transformações.

- **Informatica:** Solução amplamente utilizada em grandes organizações para integração de dados.

- **Pentaho Data Integration (PDI):** Oferece uma interface gráfica para criar e gerenciar pipelines ETL.

- **Python e bibliotecas como pandas e pySpark:** Ferramentas poderosas para construir pipelines ETL personalizados e flexíveis.

A escolha da ferramenta deve levar em consideração o volume de dados, a complexidade das transformações e o ambiente de implementação.

Automação e Escalabilidade

Automatizar processos ETL é fundamental para garantir consistência e eficiência, especialmente em sistemas que lidam com grandes volumes de dados. Ferramentas como Apache Airflow e cron jobs podem ser usadas para agendar e monitorar pipelines ETL.

A escalabilidade também é um fator crucial. Soluções distribuídas, como Apache Spark, permitem que grandes conjuntos de dados sejam processados em paralelo, reduzindo o tempo necessário para concluir tarefas complexas.

Abaixo, um modelo de automação de um pipeline ETL usando Apache Airflow:

python

```python
from airflow import DAG
from airflow.operators.python_operator import
PythonOperator
from datetime import datetime
```

```python
def extract():
    # Lógica de extração
    pass

def transform():
    # Lógica de transformação
    pass

def load():
    # Lógica de carregamento
    pass

default_args = {
    'owner': 'data_engineer',
    'start_date': datetime(2024, 1, 1),
    'retries': 1
}

with DAG('etl_pipeline', default_args=default_args,
schedule_interval='@daily') as dag:
    extract_task = PythonOperator(task_id='extract',
python_callable=extract)
    transform_task = PythonOperator(task_id='transform',
python_callable=transform)
    load_task = PythonOperator(task_id='load',
python_callable=load)

    extract_task >> transform_task >> load_task
```

Esse exemplo configura um pipeline ETL automatizado que será executado diariamente.

Benefícios do ETL

- **Integração de Dados:** Permite consolidar informações de várias fontes.

- **Qualidade dos Dados:** Garante que os dados estejam limpos e prontos para uso.

- **Automação:** Reduz a intervenção manual, melhorando a eficiência.

- **Escalabilidade:** Suporta grandes volumes de dados e crescimento do sistema.

Desafios do ETL

Embora seja uma prática consolidada, o ETL apresenta desafios. Garantir a qualidade dos dados durante a extração, lidar com falhas em grandes volumes e otimizar o desempenho das transformações são tarefas que exigem atenção constante.

Futuro do ETL

Com a evolução da tecnologia, o ETL está migrando para o modelo ELT (Extract, Load, Transform), onde os dados são carregados primeiro no destino e transformados posteriormente. Esse modelo é impulsionado por sistemas modernos de data warehouses que suportam transformações internas e otimizadas.

O ETL é uma prática essencial na engenharia de dados, e sua aplicação garante que os dados sejam coletados, transformados e disponibilizados de maneira eficiente e confiável. A compreensão dos conceitos e ferramentas apresentados aqui é o primeiro passo para implementar pipelines robustos que atendam às demandas de dados de hoje e do futuro.

CAPÍTULO 7. AUTOMATIZAÇÃO DE PIPELINES DE DADOS COM PYTHON

A automatização de pipelines de dados é uma prática fundamental na engenharia de dados moderna. Ela garante eficiência, consistência e escalabilidade no processamento de informações, especialmente em sistemas que lidam com grandes volumes de dados provenientes de diversas fontes. Python, com sua ampla gama de bibliotecas e frameworks, é uma das linguagens mais utilizadas para construir pipelines automatizados. Entre os frameworks mais populares para essa tarefa, destaca-se o Apache Airflow, uma ferramenta robusta para orquestração de workflows.

Automatizar pipelines de dados significa criar fluxos de trabalho que coletam, transformam e armazenam dados de maneira contínua e repetitiva, sem intervenção manual. Esses pipelines permitem que os engenheiros de dados concentrem seus esforços na análise e melhoria dos sistemas, enquanto os processos operacionais são realizados automaticamente.

Conceito de Pipelines de Dados Automatizados

Um pipeline de dados automatizado é uma sequência estruturada de etapas ou tarefas que executam operações específicas, como extração, transformação e carregamento de dados (ETL). A automatização assegura que essas tarefas sejam realizadas de maneira repetível e confiável, com monitoramento e controle detalhados. Um pipeline eficiente também inclui mecanismos para lidar com falhas, reiniciar processos interrompidos e registrar logs para auditoria.

Pipelines automatizados são usados em diversos casos, como:

- Processamento de dados em tempo real ou em lote.

- Integração de dados de fontes externas, como APIs e bancos de dados.

- Limpeza e transformação de grandes volumes de informações.

- Carregamento de dados em data warehouses ou sistemas analíticos.

Python é especialmente adequado para automatizar pipelines devido à sua simplicidade, suporte a múltiplas bibliotecas e capacidade de integração com sistemas externos.

Introdução ao Apache Airflow

O Apache Airflow é uma ferramenta de orquestração de workflows que permite criar, monitorar e gerenciar pipelines de dados de forma programática. Ele utiliza um modelo declarativo, onde os pipelines são definidos como grafos acíclicos direcionados (DAGs). Cada nó no grafo representa uma tarefa, e as arestas indicam dependências entre as tarefas.

Airflow oferece recursos como:

- **Agendamento:** Execução de tarefas em intervalos específicos.

- **Monitoramento:** Interface gráfica para acompanhar a execução e status das tarefas.

- **Escalabilidade:** Suporte a execuções distribuídas em

múltiplos nós.

- **Flexibilidade:** Capacidade de integração com sistemas de terceiros e scripts personalizados.

Para começar a usar o Apache Airflow, é necessário instalá-lo e configurá-lo. A instalação pode ser feita com o seguinte comando:

bash

```
pip install apache-airflow
```

Após a instalação, o ambiente precisa ser inicializado. Isso é feito com os seguintes comandos:

bash

```
airflow db init
airflow users create \
    --username admin \
    --firstname Admin \
    --lastname User \
    --role Admin \
    --email admin@example.com
airflow webserver --port 8080
```

Criando um Pipeline no Apache Airflow

Os pipelines no Airflow são definidos em arquivos Python. Cada pipeline começa com a definição de um DAG, que contém informações sobre o agendamento e as tarefas a serem executadas. Abaixo está um exemplo de um pipeline básico:

python

```
from airflow import DAG
```

```python
from airflow.operators.python_operator import
PythonOperator
from datetime import datetime

def extract():
    print("Extraindo dados...")

def transform():
    print("Transformando dados...")

def load():
    print("Carregando dados...")

# Definindo o DAG
default_args = {
    'owner': 'data_engineer',
    'depends_on_past': False,
    'start_date': datetime(2024, 1, 1),
    'retries': 1,
}

dag = DAG(
    'etl_pipeline',
    default_args=default_args,
    description='Pipeline de ETL simples',
    schedule_interval='@daily',
)

# Definindo as tarefas
extract_task = PythonOperator(
    task_id='extract',
    python_callable=extract,
    dag=dag,
)

transform_task = PythonOperator(
    task_id='transform',
```

```
    python_callable=transform,
    dag=dag,
)

load_task = PythonOperator(
    task_id='load',
    python_callable=load,
    dag=dag,
)

# Definindo a ordem de execução
extract_task >> transform_task >> load_task
```

Nesse caso, o pipeline realiza três tarefas principais: extração, transformação e carregamento. O Airflow agenda a execução dessas tarefas e garante que elas sejam realizadas na ordem correta.

Integração com Bancos de Dados e APIs

A automatização de pipelines frequentemente envolve a interação com fontes de dados externas, como bancos de dados ou APIs. O Airflow oferece uma variedade de operadores para essas integrações. Por exemplo, o PostgresOperator permite executar comandos SQL diretamente em um banco de dados PostgreSQL.

python

```
from airflow.providers.postgres.operators.postgres import
PostgresOperator

postgres_task = PostgresOperator(
    task_id='create_table',
    postgres_conn_id='my_postgres_connection',
    sql='''
        CREATE TABLE IF NOT EXISTS sales (
            id SERIAL PRIMARY KEY,
```

```
        product_name VARCHAR(100),
        quantity INTEGER,
        price NUMERIC
    );
    ''',
    dag=dag,
)
```

Para acessar APIs externas, pode-se usar o PythonOperator com bibliotecas como requests.

python

```python
import requests

def fetch_api_data():
    response = requests.get('https://api.example.com/data')
    data = response.json()
    print(data)

fetch_api_task = PythonOperator(
    task_id='fetch_api_data',
    python_callable=fetch_api_data,
    dag=dag,
)
```

Monitoramento e Tratamento de Falhas

Uma das vantagens do Apache Airflow é a capacidade de monitorar e lidar com falhas. Se uma tarefa falhar, o Airflow pode registrar o erro e reiniciar automaticamente o pipeline, dependendo da configuração.

Os logs de execução são acessíveis pela interface gráfica, permitindo que engenheiros identifiquem problemas rapidamente. Além disso, é possível configurar notificações por e-mail ou Slack para alertar sobre falhas.

Escalabilidade e Execução Distribuída

Para pipelines que lidam com grandes volumes de dados, a escalabilidade é essencial. O Airflow suporta execução distribuída, permitindo que tarefas sejam processadas em múltiplos nós. Isso é alcançado configurando um executor, como o Celery Executor, que distribui as tarefas entre os trabalhadores.

Boas Práticas na Construção de Pipelines Automatizados

1. **Modularidade:** Divida o pipeline em tarefas menores e reutilizáveis.
2. **Controle de Dependências:** Certifique-se de que as tarefas sejam executadas na ordem correta.
3. **Monitoramento Contínuo:** Configure alertas e revise os logs regularmente.
4. **Testes e Validação:** Valide os dados em cada etapa do pipeline para evitar erros acumulativos.
5. **Documentação:** Documente o pipeline, incluindo as dependências e os pontos de entrada.

Alternativas ao Apache Airflow

Embora o Apache Airflow seja amplamente utilizado, existem outras ferramentas que podem ser consideradas, dependendo dos requisitos do projeto:

- **Luigi:** Ferramenta de código aberto para criação de pipelines complexos, com foco em tarefas dependentes.

- **Prefect:** Alternativa moderna ao Airflow, com foco em simplicidade e escalabilidade.

- **Dagster:** Ferramenta que combina orquestração de pipelines com recursos de validação de dados.

Automatizar pipelines de dados com Python e ferramentas como Apache Airflow é uma prática essencial na engenharia de dados moderna. Essa abordagem aumenta a eficiência, reduz o erro humano e melhora a escalabilidade dos sistemas. Com uma configuração adequada e boas práticas, é possível criar pipelines robustos que atendam às demandas de dados de organizações de qualquer porte, garantindo que os processos sejam executados de maneira confiável e repetível.

CAPÍTULO 8. CONSULTAS AVANÇADAS EM SQL

SQL é a principal linguagem para interagir com bancos de dados relacionais, fornecendo comandos robustos para manipulação, consulta e gerenciamento de dados. Consultas avançadas permitem resolver problemas complexos, integrar informações de múltiplas tabelas e otimizar o desempenho das operações. Essas técnicas são indispensáveis na engenharia de dados, especialmente em sistemas que processam grandes volumes de informações ou exigem análises detalhadas.

Principais Técnicas de

Consultas Avançadas e Subconsultas

Subconsultas, também conhecidas como consultas aninhadas, são consultas SQL dentro de outras consultas. Elas permitem realizar operações que dependem de resultados intermediários. Podem ser usadas no SELECT, FROM ou WHERE para cálculos dinâmicos ou filtragem avançada.

sql

```
-- Identificando produtos com vendas acima da média
SELECT product_name, price
FROM products
WHERE price > (
    SELECT AVG(price)
    FROM products
);
```

A subconsulta calcula o preço médio, e a consulta principal retorna apenas os produtos cujo preço está acima dessa média.

Junções (Joins)

Junções são usadas para combinar dados de duas ou mais tabelas com base em condições especificadas. Existem diferentes tipos de junções, como INNER JOIN, LEFT JOIN, RIGHT JOIN e FULL OUTER JOIN.

sql

```
-- Recuperando detalhes de pedidos e clientes
SELECT    customers.customer_name,    orders.order_date,
orders.total
FROM customers
INNER   JOIN   orders   ON   customers.customer_id   =
orders.customer_id;
```

A consulta une as tabelas customers e orders com base no campo customer_id, exibindo o nome do cliente, a data do pedido e o total do pedido.

Junções externas, como LEFT JOIN, são úteis quando é necessário incluir dados de uma tabela mesmo que não haja correspondência na outra.

sql

```
-- Listando todos os clientes e seus pedidos (incluindo clientes
sem pedidos)
SELECT    customers.customer_name,    orders.order_date,
orders.total
FROM customers
LEFT   JOIN   orders   ON   customers.customer_id   =
orders.customer_id;
```

Agregações e Agrupamento

Funções de agregação, como SUM, AVG, COUNT, MIN e MAX, são frequentemente combinadas com GROUP BY para calcular métricas em subconjuntos de dados.

sql

```
-- Calculando o total de vendas por categoria
SELECT category, SUM(total) AS total_sales
FROM products
GROUP BY category
ORDER BY total_sales DESC;
```

O agrupamento permite dividir os dados em categorias distintas e calcular métricas específicas para cada grupo.

Janela de Consulta (Window Functions)

Funções de janela oferecem uma maneira eficiente de executar cálculos em subconjuntos de dados sem agrupá-los. Elas permitem acessar dados em linhas relacionadas e são úteis para análises comparativas ou cálculos acumulativos.

sql

```
-- Calculando a receita acumulada por pedido
SELECT order_id, customer_id, total,
    SUM(total) OVER (PARTITION BY customer_id ORDER BY order_id) AS cumulative_total
FROM orders;
```

Calcula a soma acumulada de vendas para cada cliente, ordenada pelos IDs dos pedidos.

Operações de União (UNION e UNION ALL)

UNION combina os resultados de duas ou mais consultas, removendo duplicatas, enquanto UNION ALL mantém todas as linhas, incluindo duplicadas.

sql

```sql
-- Combinando vendas de dois anos
SELECT order_id, order_date, total
FROM orders_2023
UNION
SELECT order_id, order_date, total
FROM orders_2024;
```

CTEs (Common Table Expressions)

CTEs são blocos nomeados de consultas SQL que podem ser reutilizados na mesma consulta. Elas tornam as consultas mais organizadas e legíveis.

sql

```sql
-- Calculando a média de vendas por cliente
WITH CustomerSales AS (
    SELECT customer_id, SUM(total) AS total_sales
    FROM orders
    GROUP BY customer_id
)
SELECT customer_id, total_sales
FROM CustomerSales
WHERE total_sales > 1000;
```

A CTE CustomerSales calcula as vendas totais por cliente, e a consulta principal retorna apenas os clientes com vendas acima de um limite especificado.

Técnicas de Otimização de Consultas

A eficiência de consultas avançadas depende não apenas das operações realizadas, mas também da maneira como o banco de dados as processa. Técnicas de otimização ajudam a reduzir o tempo de execução e o consumo de recursos.

Uso de Índices

Índices aceleram a recuperação de dados, especialmente em consultas com filtros ou junções. Criar índices em colunas frequentemente usadas no WHERE ou JOIN é uma prática recomendada.

sql

```sql
-- Criando um índice na coluna customer_id
CREATE INDEX idx_customer_id ON orders(customer_id);
```

Evitar Seleções Desnecessárias

Consultar apenas as colunas necessárias reduz o volume de dados processados e melhora o desempenho.

sql

```sql
-- Boa prática: selecionar apenas colunas relevantes
SELECT product_name, price
FROM products;

-- Má prática: selecionar todas as colunas
SELECT * FROM products;
```

Limitar o Número de Registros

Usar LIMIT ou TOP em consultas que retornam muitos resultados pode melhorar a eficiência, especialmente em sistemas de visualização de dados.

sql

```sql
-- Recuperando os 10 produtos mais vendidos
SELECT product_name, SUM(quantity) AS total_sold
```

```sql
FROM sales
GROUP BY product_name
ORDER BY total_sold DESC
LIMIT 10;
```

Otimizar Funções de Agregação

Agregações complexas podem ser otimizadas usando índices ou reduzindo o número de cálculos necessários.

sql

```sql
-- Melhorando o desempenho ao usar índices para agregações
CREATE INDEX idx_category ON products(category);

SELECT category, COUNT(*) AS total_products
FROM products
GROUP BY category;
```

Consultas Avançadas com Casos Condicionais

Expressões condicionais, como CASE, permitem executar lógica condicional diretamente em consultas SQL, facilitando a categorização ou transformação de dados.

sql

```sql
-- Classificando clientes com base no total de compras
SELECT customer_id,
    CASE
        WHEN total_spent > 1000 THEN 'VIP'
        WHEN total_spent BETWEEN 500 AND 1000 THEN
'Regular'
        ELSE 'Basic'
    END AS customer_category
FROM (
    SELECT customer_id, SUM(total) AS total_spent
    FROM orders
```

```
    GROUP BY customer_id
) AS CustomerTotals;
```

Classifica os clientes em categorias com base em seus gastos totais.

Integração de Consultas SQL com Ferramentas Externas

SQL é frequentemente integrado a outras linguagens ou ferramentas para realizar análises avançadas. Python é amplamente utilizado para executar consultas SQL e processar os resultados.

python

```python
import psycopg2
import pandas as pd

# Conectando ao banco de dados
connection = psycopg2.connect(
    dbname="analytics",
    user="admin",
    password="securepassword",
    host="localhost",
    port="5432"
)

# Executando uma consulta
query = """
SELECT category, SUM(total) AS total_sales
FROM products
GROUP BY category
ORDER BY total_sales DESC;
"""

# Lendo os dados em um DataFrame Pandas
df = pd.read_sql_query(query, connection)
```

```
# Exibindo os resultados
print(df)

connection.close()
```

Boas Práticas na Criação de Consultas Avançadas

1. **Documentação:** Nomeie colunas derivadas e tabelas intermediárias com clareza para facilitar a leitura.
2. **Manutenção de Simplicidade:** Divida consultas complexas em subconsultas ou use CTEs.
3. **Monitoramento de Desempenho:** Utilize ferramentas de análise de planos de execução para identificar gargalos.
4. **Padronização:** Siga convenções de nomenclatura e estilo para manter consistência em equipes grandes.

Aplicações Práticas

Consultas avançadas são usadas em diversas aplicações, como:

- Análise de comportamento de clientes para personalização de campanhas.

- Monitoramento de KPIs empresariais em tempo real.

- Extração de dados históricos para modelos preditivos.

As técnicas de consultas avançadas em SQL oferecem uma base poderosa para resolver problemas complexos e realizar análises profundas em bancos de dados relacionais. Com práticas recomendadas e atenção à otimização, é possível maximizar o desempenho das consultas e garantir a eficiência nos sistemas de engenharia de dados. A habilidade de dominar essas técnicas é essencial para profissionais que buscam se destacar no mercado de dados.

CAPÍTULO 9. INTEGRAÇÃO DE DADOS EM AMBIENTES HÍBRIDOS

A integração de dados em ambientes híbridos é um componente essencial da engenharia de dados moderna, especialmente para organizações que precisam lidar com a crescente complexidade dos sistemas distribuídos. Ambientes híbridos combinam bancos de dados locais (on-premises) e serviços de nuvem para criar ecossistemas de dados versáteis, escaláveis e resilientes. Sincronizar informações entre esses dois contextos requer estratégias bem definidas, ferramentas adequadas e atenção aos desafios específicos desse tipo de arquitetura.

Definição e Importância da Integração em Ambientes Híbridos

A integração de dados em ambientes híbridos permite que as organizações aproveitem as vantagens de ambas as infraestruturas. Bancos de dados locais oferecem maior controle sobre os dados, especialmente em cenários que exigem segurança rigorosa ou latência mínima. A nuvem, por outro lado, proporciona escalabilidade, acessibilidade e custos operacionais mais baixos. Sincronizar os dados entre esses dois ambientes garante que informações críticas estejam disponíveis em tempo real, independentemente de onde estejam armazenadas.

Essa abordagem é fundamental para diversas aplicações, como:

- Manter sistemas locais de produção enquanto utiliza a nuvem para análises avançadas.

- Garantir alta disponibilidade e redundância de dados.

- Habilitar soluções híbridas para conformidade com regulamentos regionais de dados.

Componentes de uma Integração de Dados Híbrida

Bancos de Dados Locais:

Os bancos de dados locais são instalados em servidores físicos ou virtuais dentro das instalações da organização. Eles são usados para aplicativos que requerem baixa latência, controle total sobre os dados ou conformidade com regulamentações específicas.

Exemplos incluem:

- MySQL e PostgreSQL para armazenamento relacional.

- MongoDB para armazenamento não relacional.

- Oracle Database para aplicações empresariais de grande escala.

Bancos de Dados na Nuvem

Os bancos de dados na nuvem oferecem armazenamento e processamento sob demanda, eliminando a necessidade de gerenciar a infraestrutura subjacente. Provedores como Amazon Web Services (AWS), Microsoft Azure e Google Cloud Platform (GCP) oferecem serviços como Amazon RDS, Azure SQL Database e Google BigQuery.

Esses serviços são projetados para:

- Escalabilidade horizontal e vertical.

- Acesso global com baixa latência.

- Integração com ferramentas analíticas.

Ferramentas de Integração

A integração em ambientes híbridos requer ferramentas que suportem a transferência eficiente e segura de dados entre sistemas locais e a nuvem. Algumas opções populares incluem:

- **Apache Kafka:** Sistema de mensagens distribuído para transmissão de dados em tempo real.

- **Talend:** Ferramenta de integração de dados que suporta ambientes híbridos.

- **AWS Database Migration Service (DMS):** Solução para migração e sincronização de dados entre bancos de dados.

- **Google Dataflow:** Ferramenta para pipelines de dados em tempo real e em lote.

Estratégias de Integração

Replicação de Dados

A replicação envolve copiar dados de um sistema para outro, garantindo que as informações estejam sincronizadas. A replicação pode ser configurada como unidirecional ou bidirecional, dependendo das necessidades do sistema.

sql

```sql
-- Configurando replicação em PostgreSQL
CREATE PUBLICATION my_publication FOR TABLE orders;

-- No sistema de réplica
CREATE SUBSCRIPTION my_subscription
CONNECTION 'host=primary_host port=5432 dbname=mydb
```

```
user=replicator password=securepassword'
PUBLICATION my_publication;
```

Tal configuração garante que as alterações feitas na tabela orders no banco de dados primário sejam replicadas automaticamente no sistema secundário.

Pipelines de Dados em Tempo Real

Os pipelines de dados em tempo real transmitem informações entre bancos locais e a nuvem à medida que são geradas. Essa abordagem é ideal para cenários onde a latência mínima é crítica, como em sistemas financeiros ou monitoramento de sensores.

Com Apache Kafka, é possível configurar pipelines que processam eventos em tempo real:

python

```python
from kafka import KafkaProducer

producer = KafkaProducer(bootstrap_servers='kafka_broker:9092')

# Enviando mensagens para o tópico
producer.send('orders', b'{"order_id": 123, "status": "processed"}')
producer.flush()
```

Os dados podem ser consumidos e processados na nuvem para análise em tempo real.

Sincronização Incremental

A sincronização incremental transfere apenas os dados que foram alterados desde a última sincronização, economizando largura de banda e recursos computacionais. Bancos de dados como MySQL oferecem recursos de log binário para rastrear mudanças.

sql

```sql
-- Habilitando o log binário em MySQL
SET GLOBAL binlog_format = 'ROW';

-- Consultando alterações recentes no log binário
SHOW BINLOG EVENTS IN 'mysql-bin.000001';
```

Armazenamento em Cache

O armazenamento em cache reduz a dependência de chamadas constantes ao banco de dados, melhorando a performance e reduzindo os custos de integração. Redis é uma solução popular para caching em sistemas híbridos.

python

```python
import redis

# Conectando ao Redis
cache = redis.StrictRedis(host='redis_server', port=6379, decode_responses=True)

# Armazenando dados no cache
cache.set('order_123', '{"status": "processed"}')

# Recuperando dados do cache
order_status = cache.get('order_123')
print(order_status)
```

Desafios e Soluções na Integração de Ambientes Híbridos

Latência:

A sincronização entre bancos locais e na nuvem pode sofrer com alta latência devido à distância física ou à largura de banda limitada. Soluções incluem:

- Implementação de redes de entrega de conteúdo (CDNs) para dados frequentemente acessados.

- Uso de compressão de dados durante a transmissão.

Segurança

A integração híbrida deve proteger dados sensíveis contra acessos não autorizados. Medidas incluem:

- Criptografia de dados em trânsito usando SSL/TLS.

- Gerenciamento de identidades e acessos com autenticação multifator.

python

```python
import psycopg2

connection = psycopg2.connect(
    dbname="hybrid_db",
    user="admin",
    password="securepassword",
    host="cloud_host",
    port="5432",
    sslmode="require"
)
```

Conformidade Regulamentar

Muitas organizações enfrentam requisitos regulamentares que limitam onde os dados podem ser armazenados. Estratégias como particionamento de dados e regionalização ajudam a atender a esses requisitos.

Aplicações Práticas

A integração de dados em ambientes híbridos é amplamente utilizada em setores como:

- **Saúde:** Sincronizar registros médicos locais com análises avançadas na nuvem.

- **Comércio eletrônico:** Manter catálogos de produtos locais enquanto processa análises de comportamento de clientes na nuvem.

- **Finanças:** Transmitir transações em tempo real para sistemas locais e nuvem para conformidade e análise de risco.

A integração de dados em ambientes híbridos permite que as organizações aproveitem o melhor dos dois mundos: a flexibilidade e escalabilidade da nuvem com o controle e segurança dos sistemas locais. Estratégias bem planejadas, ferramentas eficazes e atenção aos desafios garantem a criação de sistemas híbridos resilientes e eficientes. Profissionais que aplicamessas práticas estão bem preparados para enfrentar as demandas de um mercado cada vez mais orientado por dados.

CAPÍTULO 10. TRABALHANDO COM DADOS EM TEMPO REAL

O processamento de dados em tempo real é um aspecto crucial da engenharia de dados moderna. Ele permite que organizações capturem, processem e analisem informações instantaneamente, possibilitando decisões rápidas e orientadas por dados. Diferentemente do processamento em lote, onde os dados são analisados periodicamente, o streaming de dados lida com fluxos contínuos e dinâmicos, tornando-o ideal para aplicações que exigem atualizações imediatas.

Contexto e Importância do Streaming de Dados

Streaming de dados é o processo de ingestão, processamento e entrega de informações em fluxo contínuo, geralmente em questão de milissegundos ou segundos. Esse modelo é amplamente utilizado em setores como finanças, comércio eletrônico, telecomunicações, saúde e monitoramento industrial. Algumas aplicações incluem:

- **Análise de transações financeiras:** Detecção de fraudes em tempo real.
- **Monitoramento de sensores IoT:** Controle de dispositivos conectados e análise preditiva.
- **Sistemas de recomendação:** Personalização de conteúdo em plataformas de streaming de mídia.
- **Monitoramento de redes:** Detecção de ameaças e anomalias.

Arquitetura de Dados em Tempo Real

A arquitetura de streaming de dados é composta por três componentes principais:

1. **Ingestão de Dados:** A coleta de dados em tempo real de várias fontes, como sensores, logs de servidores, transações financeiras e APIs.
2. **Processamento de Dados:** A transformação, agregação ou análise de dados enquanto eles fluem pelo sistema.
3. **Entrega de Dados:** O armazenamento dos resultados processados em data warehouses, bancos de dados ou sistemas analíticos para consulta e visualização.

Uma ferramenta popular para implementar arquiteturas de dados em tempo real é o Apache Kafka. Ele funciona como uma plataforma de mensagens distribuída que permite coletar e distribuir dados em grande escala.

Configurando o Apache Kafka

Apache Kafka é uma solução poderosa para ingestão e transmissão de dados em tempo real. Ele utiliza tópicos para organizar e transmitir mensagens entre produtores e consumidores.

Para começar a usar Kafka, é necessário configurá-lo em um ambiente local ou na nuvem. Após a instalação, crie um tópico para transmitir mensagens.

bash

```
# Criando um tópico no Kafka
kafka-topics.sh --create --topic real-time-data --bootstrap-server localhost:9092 --partitions 3 --replication-factor 1
```

Após configurar o tópico, os produtores enviam mensagens para ele, enquanto os consumidores lêem essas mensagens. A seguir, um exemplo de um produtor em Python usando a biblioteca kafka-python.

python

```python
from kafka import KafkaProducer
import json

producer = KafkaProducer(
    bootstrap_servers='localhost:9092',
    value_serializer=lambda v: json.dumps(v).encode('utf-8')
)

# Enviando mensagens para o tópico
data = {'sensor_id': 101, 'temperature': 22.5, 'status': 'normal'}
producer.send('real-time-data', value=data)
producer.flush()
```

Os consumidores leem as mensagens e processam os dados recebidos.

python

```python
from kafka import KafkaConsumer

consumer = KafkaConsumer(
    'real-time-data',
    bootstrap_servers='localhost:9092',
    value_deserializer=lambda v: json.loads(v.decode('utf-8'))
)

for message in consumer:
    print(f"Received: {message.value}")
```

Processamento de Dados em Tempo Real com Apache Flink

Apache Flink é uma ferramenta de processamento de fluxo projetada para análises de baixa latência e alta performance. Ele é ideal para sistemas que exigem cálculos em tempo real, como detecção de fraudes ou análise de dados de sensores.

Para implementar um pipeline de dados com Flink, configure

as fontes de dados e defina as operações de transformação e agregação.

python

```python
from pyflink.datastream import StreamExecutionEnvironment
from pyflink.table import StreamTableEnvironment

env = StreamExecutionEnvironment.get_execution_environment()
table_env = StreamTableEnvironment.create(env)

# Configurando a fonte de dados
source_ddl = """
CREATE TABLE sensor_data (
    sensor_id INT,
    temperature FLOAT,
    timestamp TIMESTAMP(3)
) WITH (
    'connector' = 'kafka',
    'topic' = 'real-time-data',
    'properties.bootstrap.servers' = 'localhost:9092',
    'format' = 'json'
)
"""

table_env.execute_sql(source_ddl)

# Realizando transformações em tempo real
result = table_env.sql_query("""
SELECT sensor_id, AVG(temperature) AS avg_temp
FROM sensor_data
GROUP BY sensor_id, TUMBLE(timestamp, INTERVAL '1'
MINUTE)
""")

# Imprimindo os resultados
result.execute().print()
```

Estratégias para Streaming de Dados

Janela de Tempo (Windowing)

A janela de tempo é uma técnica usada para dividir fluxos contínuos de dados em partes menores, permitindo agregações e cálculos dentro de intervalos específicos.

Tipos de janelas incluem:

- **Janelas deslizantes:** Intervalos sobrepostos que capturam eventos consecutivos.

- **Janelas de tumbling:** Intervalos fixos e não sobrepostos.

- **Janelas de sessão:** Baseadas em inatividade entre eventos.

Com Flink, é possível configurar janelas para calcular médias, somas ou contagens em fluxos contínuos.

python

```
result = table_env.sql_query("""
SELECT sensor_id, COUNT(*) AS event_count
FROM sensor_data
GROUP BY sensor_id, SESSION(timestamp, INTERVAL '5' MINUTES)
""")
```

Filtragem e Enriquecimento de Dados

O enriquecimento de dados em tempo real envolve combinar fluxos com informações adicionais de sistemas externos, como bancos de dados ou APIs.

python

```
def enrich_data(event):
```

```python
    enriched_event = event.copy()
    enriched_event['location'] =
fetch_location(event['sensor_id'])
    return enriched_event
```

O fluxo processado pode então ser armazenado para análises futuras ou visualizações.

Persistência de Resultados Processados

Após processar os dados, os resultados podem ser armazenados em sistemas de banco de dados ou data warehouses para consulta posterior.

python

```python
import psycopg2

connection = psycopg2.connect(
    dbname="streaming_results",
    user="admin",
    password="securepassword",
    host="localhost",
    port="5432"
)

cursor = connection.cursor()

# Inserindo os dados processados
cursor.execute('''
INSERT INTO results (sensor_id, avg_temperature, timestamp)
VALUES (%s, %s, %s)
''', (sensor_id, avg_temp, timestamp))

connection.commit()
connection.close()
```

Monitoramento e Gerenciamento de Fluxos

Monitorar pipelines de dados em tempo real é crucial para garantir sua eficiência e confiabilidade. Ferramentas como Prometheus e Grafana são amplamente usadas para rastrear métricas de desempenho e identificar gargalos.

Configure um monitoramento básico para rastrear a taxa de ingestão, latência e erros.

Boas Práticas para Streaming de Dados

1. **Desempenho:** Use ferramentas otimizadas para o volume e a velocidade dos dados.
2. **Tolerância a Falhas:** Implemente mecanismos para reiniciar processos automaticamente.
3. **Escalabilidade:** Configure sistemas para suportar aumento de carga sem perda de desempenho.
4. **Segurança:** Proteja dados em trânsito com SSL/TLS e controle de acesso robusto.

O trabalho com dados em tempo real requer ferramentas avançadas e estratégias bem definidas para lidar com fluxos contínuos de informações. Dominar técnicas de streaming, como uso de Kafka e Flink, é essencial para implementar pipelines eficientes, escaláveis e resilientes. A integração desses fluxos com sistemas analíticos e de armazenamento oferece insights valiosos que impulsionam a tomada de decisões instantâneas e informadas.

CAPÍTULO 11. DATA WAREHOUSING

O data warehousing é uma prática central na engenharia de dados, permitindo que grandes volumes de informações sejam coletados, organizados e armazenados em um sistema dedicado para análises históricas e estratégicas. Os armazéns de dados são projetados para consolidar informações provenientes de diversas fontes e disponibilizá-las em um formato que facilite consultas analíticas, geração de relatórios e tomadas de decisão fundamentadas.

O que é um Data Warehouse?

Um data warehouse é um repositório centralizado que armazena dados organizados e otimizados para consultas analíticas. Ele se diferencia dos bancos de dados transacionais, que são projetados para operações rápidas e frequentes, como inserções, atualizações e exclusões. Enquanto os bancos de dados transacionais priorizam a eficiência em operações de curto prazo, os data warehouses se concentram em análises de longo prazo e em grande escala.

Os data warehouses são amplamente utilizados em setores como finanças, saúde, varejo e logística para identificar padrões, monitorar KPIs e gerar insights estratégicos.

Arquitetura de um Data Warehouse

A arquitetura de um data warehouse é composta por várias camadas, cada uma desempenhando um papel específico no processamento e organização dos dados.

1. Fonte de Dados

As fontes de dados incluem bancos de dados relacionais, sistemas legados, arquivos CSV, logs de aplicativos, APIs e streams de dados em tempo real. Essas fontes fornecem as informações que serão consolidadas no data warehouse.

2. Processo de ETL (Extract, Transform, Load)

O ETL é o pipeline responsável por mover os dados das fontes originais para o data warehouse. Durante esse processo, os dados são extraídos, transformados para atender aos requisitos do sistema e carregados no repositório centralizado.

python

```python
import pandas as pd
import psycopg2

# Extração de dados de um arquivo CSV
csv_data = pd.read_csv('sales_data.csv')

# Transformação dos dados
csv_data['total'] = csv_data['quantity'] * csv_data['price']

# Carregamento dos dados em um data warehouse PostgreSQL
connection = psycopg2.connect(
    dbname="data_warehouse",
    user="admin",
    password="securepassword",
    host="localhost",
    port="5432"
)

cursor = connection.cursor()

for _, row in csv_data.iterrows():
    cursor.execute('''
        INSERT INTO sales_fact (product_id, quantity, price, total,
```

```
sale_date)
      VALUES (%s, %s, %s, %s, %s)
   ''', (row['product_id'], row['quantity'], row['price'], row['total'],
row['sale_date']))

connection.commit()
connection.close()
```

3. Camada de Armazenamento

A camada de armazenamento é onde os dados são organizados e estruturados. Isso pode incluir esquemas como estrela, floco de neve ou esquemas híbridos.

- **Esquema Estrela:** Dados organizados em uma tabela central (tabela de fatos) que se conecta a tabelas de dimensões. É eficiente para consultas simples e rápidas.
- **Esquema Floco de Neve:** Extensão do esquema estrela, onde as tabelas de dimensões são normalizadas para reduzir redundâncias. É útil para sistemas complexos.

sql

```sql
-- Definição de uma tabela de fatos
CREATE TABLE sales_fact (
    sale_id SERIAL PRIMARY KEY,
    product_id INT,
    customer_id INT,
    quantity INT,
    total NUMERIC,
    sale_date DATE
);

-- Definição de uma tabela de dimensões
CREATE TABLE products_dim (
    product_id SERIAL PRIMARY KEY,
    product_name VARCHAR(100),
    category VARCHAR(50),
```

```
    supplier_id INT
);
```

4. Camada de Apresentação

A camada de apresentação fornece acesso aos dados para analistas, cientistas de dados e ferramentas de BI (Business Intelligence). Essa camada é otimizada para consultas e relatórios, permitindo que os usuários extraiam informações rapidamente.

Ferramentas como Tableau, Power BI e Looker são comumente integradas a data warehouses para criar dashboards interativos e relatórios automatizados.

Construção de um Data Warehouse

Construir um data warehouse envolve várias etapas importantes que garantem sua eficiência e confiabilidade.

1. Definição dos Requisitos

A fase inicial inclui a identificação dos objetivos do projeto, como os tipos de análise necessários, os dados que serão integrados e as métricas que serão monitoradas.

2. Design do Esquema

Com base nos requisitos, o design do esquema é criado para estruturar os dados de maneira lógica e eficiente. A escolha entre esquemas estrela e floco de neve depende do volume de dados e das complexidades das consultas.

3. Escolha da Plataforma

Escolher a plataforma correta é crucial para o sucesso do data warehouse. Opções populares incluem:

- **Amazon Redshift:** Solução escalável baseada na nuvem.

- **Google BigQuery:** Otimizado para análises de grandes volumes de dados.

- **Snowflake:** Plataforma versátil com suporte a armazenamento elástico.

4. Implementação do Processo ETL

O processo de ETL é implementado para mover os dados de várias fontes para o data warehouse. Ferramentas como Talend, Apache Nifi e Apache Airflow são amplamente utilizadas.

5. Configuração de Indexação

A indexação é configurada para otimizar o desempenho das consultas. Índices são criados em colunas frequentemente utilizadas em filtros e junções.

sql

```
-- Criando um índice na tabela de fatos
CREATE INDEX idx_sales_date ON sales_fact(sale_date);
```

6. Monitoramento e Manutenção

O data warehouse é monitorado para garantir seu desempenho e disponibilidade. Ferramentas de monitoramento ajudam a identificar gargalos e a ajustar a infraestrutura conforme necessário.

Estratégias para Análises Históricas

Os data warehouses são projetados para armazenar grandes volumes de informações históricas. Isso permite que as organizações analisem tendências ao longo do tempo, identifiquem padrões de comportamento e façam previsões fundamentadas.

Agregações

Agregações são frequentemente usadas para reduzir o volume de dados processados em consultas analíticas.

sql

```sql
-- Calculando as vendas totais por categoria
SELECT p.category, SUM(s.total) AS total_sales
FROM sales_fact s
JOIN products_dim p ON s.product_id = p.product_id
GROUP BY p.category;
```

Análise de Séries Temporais

Os data warehouses suportam consultas complexas de séries temporais, permitindo análises como médias móveis, sazonalidade e variações ao longo do tempo.

sql

```sql
-- Calculando a média móvel de vendas semanais
SELECT sale_date,
       AVG(total) OVER (ORDER BY sale_date ROWS BETWEEN 6
PRECEDING AND CURRENT ROW) AS moving_avg
FROM sales_fact;
```

Segmentação de Dados

Segmentar dados permite comparar métricas entre diferentes grupos ou categorias.

sql

```sql
-- Comparando vendas por região
SELECT region, SUM(total) AS total_sales
FROM sales_fact s
JOIN customers_dim c ON s.customer_id = c.customer_id
GROUP BY region;
```

Boas Práticas no Data Warehousing

1. **Normalização Controlada:** Evite redundâncias excessivas enquanto mantém a simplicidade para consultas.

2. **Automação do ETL:** Use ferramentas para automatizar e monitorar o processo de ETL.
3. **Documentação Completa:** Documente esquemas, fontes de dados e dependências para facilitar manutenção.
4. **Gerenciamento de Partições:** Divida tabelas grandes em partições para melhorar o desempenho.
5. **Segurança:** Garanta que os dados estejam protegidos contra acessos não autorizados com autenticação e criptografia.

Desafios e Soluções

- **Volume de Dados:** Adote plataformas escaláveis e use compressão para reduzir o armazenamento.

- **Latência em Consultas:** Configure índices e particionamento para otimizar o desempenho.

- **Integração de Fontes Heterogêneas:** Use ferramentas de integração como Talend e Apache Nifi para padronizar os dados.

Os data warehouses desempenham um papel fundamental na consolidação e análise de dados históricos, proporcionando insights valiosos para organizações de todos os tamanhos. Com um design bem planejado, ferramentas adequadas e práticas otimizadas, é possível criar um sistema robusto que atenda às demandas analíticas e estratégicas. Profissionais que controlam as técnicas de data warehousing estão capacitados para liderar iniciativas de dados em um mercado cada vez mais orientado por informações.

CAPÍTULO 12. MONITORAMENTO E OTIMIZAÇÃO DE PIPELINES

O monitoramento e a otimização de pipelines de dados são etapas fundamentais na engenharia de dados para garantir que os fluxos de informações sejam executados de forma eficiente, confiável e dentro dos limites de desempenho esperados. Pipelines mal projetados ou monitorados de forma inadequada podem levar a atrasos, falhas e até perdas de dados, comprometendo a qualidade e a utilidade das informações processadas. Este capítulo aborda as melhores práticas, ferramentas e técnicas para identificar gargalos e implementar melhorias nos pipelines de dados.

Conceito de Monitoramento de Pipelines

O monitoramento de pipelines consiste em rastrear e avaliar continuamente o desempenho e a integridade de todas as etapas do processo de fluxo de dados, desde a ingestão até a entrega. O objetivo é identificar anomalias, falhas ou atrasos, bem como coletar métricas úteis para ajustes e otimizações.

Principais Métricas Monitoradas

1. **Latência:** Tempo total para que um dado passe por todas as etapas do pipeline.
2. **Taxa de Processamento:** Número de registros processados por unidade de tempo.
3. **Taxa de Erros:** Proporção de falhas em relação ao número total de registros processados.
4. **Utilização de Recursos:** Consumo de CPU, memória, armazenamento e largura de banda.

5. **Integridade dos Dados:** Verificação de dados perdidos, duplicados ou corrompidos.

Ferramentas de Monitoramento

Prometheus e Grafana:

Prometheus é uma ferramenta de monitoramento e alertas baseada em séries temporais. Ela coleta métricas de aplicações e sistemas, armazenando-as em um banco de dados otimizado para consultas rápidas. O Grafana é uma ferramenta complementar que permite criar dashboards interativos para visualizar as métricas coletadas pelo Prometheus.

yaml

```yaml
# Configuração básica do Prometheus para monitorar um
pipeline
global:
  scrape_interval: 15s
scrape_configs:
  - job_name: 'pipeline_metrics'
    static_configs:
      - targets: ['localhost:8080']
```

Com o Prometheus configurado, o Grafana pode ser usado para criar gráficos que mostram a latência, taxa de processamento e uso de recursos em tempo real.

Apache Airflow

O Apache Airflow, além de ser uma ferramenta de orquestração de workflows, também oferece funcionalidades básicas de monitoramento. Ele registra logs detalhados de cada tarefa e permite visualizar o estado dos pipelines por meio de sua interface gráfica.

python

```python
from airflow import DAG
from airflow.operators.python_operator import
PythonOperator
from datetime import datetime

def task_function():
    print("Processing data...")

default_args = {
    'owner': 'data_engineer',
    'start_date': datetime(2024, 1, 1),
    'retries': 1
}

with DAG('monitoring_pipeline', default_args=default_args,
schedule_interval='@hourly') as dag:
    process_task = PythonOperator(
        task_id='process_data',
        python_callable=task_function
    )
```

Os logs gerados por cada execução podem ser acessados diretamente na interface web do Airflow.

Elasticsearch e Kibana

O Elasticsearch, combinado com o Kibana, é uma solução popular para monitoramento e análise de logs. Ele permite centralizar logs de diferentes componentes do pipeline e realizar buscas e análises detalhadas para identificar problemas.

json

```json
{
  "timestamp": "2024-01-01T12:00:00Z",
  "pipeline_stage": "data_transformation",
  "status": "success",
```

```
  "records_processed": 1000,
  "latency_ms": 250
}
```

Logs como esse podem ser enviados para o Elasticsearch, e o Kibana pode ser configurado para criar visualizações que destacam anomalias ou gargalos.

Identificação de Gargalos

Os gargalos em um pipeline ocorrem quando uma ou mais etapas do processo não conseguem acompanhar a carga de trabalho, causando atrasos e reduzindo o desempenho geral. Identificar e resolver gargalos é essencial para manter a eficiência do pipeline.

Métodos para Identificação de Gargalos

1. **Análise de Métricas:** Usar ferramentas de monitoramento para identificar etapas com alta latência ou taxa de erros.
2. **Testes de Carga:** Simular grandes volumes de dados para identificar limites de desempenho.
3. **Logs Detalhados:** Analisar logs para identificar pontos de falha ou atrasos inesperados.
4. **Traçadores de Fluxo:** Ferramentas como OpenTelemetry podem ser usadas para rastrear o caminho completo dos dados através do pipeline, destacando etapas problemáticas.

python

```python
# Exemplo de simulação de carga para testar o pipeline
import time
import random

def simulate_pipeline_load(records):
    start_time = time.time()
    processed = 0
```

```
for record in records:
    time.sleep(random.uniform(0.01, 0.1)) # Simula
processamento variável
    processed += 1
latency = time.time() - start_time
return processed, latency

records = [{"id": i, "data": f"value_{i}"} for i in range(1000)]
processed, latency = simulate_pipeline_load(records)
print(f"Processed {processed} records in {latency:.2f} seconds")
```

Otimização de Pipelines

Uma vez identificados os gargalos, as seguintes estratégias podem ser implementadas para otimizar o desempenho do pipeline.

1. Escalabilidade

Aumentar a capacidade de processamento por meio de escalabilidade vertical (recursos mais potentes em um único nó) ou horizontal (adicionando mais nós ao sistema).

- **Escalabilidade Vertical:** Atualizar hardware ou alocar mais memória e CPU.

- **Escalabilidade Horizontal:** Configurar sistemas distribuídos, como Apache Spark, para processar dados em paralelo.

2. Processamento Paralelo

Dividir o trabalho em tarefas menores que podem ser executadas simultaneamente. Ferramentas como Python multiprocessing ou frameworks distribuídos, como Hadoop e Spark, são ideais para isso.

python

```python
from multiprocessing import Pool

def process_record(record):
    return record['id'], len(record['data'])

records = [{"id": i, "data": f"value_{i}"} for i in range(1000)]
with Pool(4) as pool:
    results = pool.map(process_record, records)
```

3. Otimização de Consultas e Transformações

Reduzir a complexidade das operações realizadas no pipeline. Isso pode incluir:

- Criar índices em tabelas de banco de dados.

- Usar algoritmos mais eficientes para transformações.

- Reduzir o volume de dados processados por meio de filtros.

sql

```sql
-- Criando um índice para melhorar o desempenho das consultas
CREATE INDEX idx_date ON transactions(transaction_date);
```

4. Cache de Resultados

Armazenar resultados intermediários em sistemas de cache, como Redis, para evitar recalcular as mesmas operações.

python

```python
import redis

cache = redis.StrictRedis(host='localhost', port=6379, decode_responses=True)

def get_cached_result(key):
    result = cache.get(key)
```

```
if result:
    return result
result = perform_heavy_computation(key)
cache.set(key, result)
return result
```

5. Processamento Incremental

Processar apenas os dados que foram alterados ou adicionados desde a última execução, economizando recursos.

sql

```sql
-- Selecionando apenas registros novos
SELECT * FROM sales WHERE last_updated > '2024-01-01
00:00:00';
```

Automação de Monitoramento e Alertas

Automatizar o monitoramento e configurar alertas em tempo real permite que problemas sejam detectados e resolvidos rapidamente.

yaml

```yaml
# Configuração de alerta no Prometheus
alerting:
  alertmanagers:
    - static_configs:
        - targets: ['localhost:9093']
alerts:
  - alert: HighLatency
    expr: pipeline_latency_seconds > 5
    for: 1m
    labels:
      severity: critical
    annotations:
      summary: "Pipeline latency is too high"
```

description: "The pipeline latency has exceeded 5 seconds for the last 1 minute."

Monitorar e otimizar pipelines de dados é um processo contínuo que exige atenção aos detalhes e uma abordagem estratégica para lidar com gargalos e problemas de desempenho. Com ferramentas adequadas, boas práticas de design e uma mentalidade orientada para melhorias, é possível criar pipelines robustos que atendam às demandas crescentes de sistemas baseados em dados. A integração de soluções de monitoramento, automação e escalabilidade garante que os pipelines permaneçam eficientes e confiáveis ao longo do tempo.

CAPÍTULO 13. SEGURANÇA E GOVERNANÇA DE DADOS

A segurança e a governança de dados são pilares essenciais para o sucesso de qualquer estratégia de engenharia de dados. Garantir a proteção das informações contra acessos não autorizados, bem como implementar políticas de governança que assegurem compliance com regulamentações e padrões, é uma tarefa indispensável para proteger a privacidade, a integridade e a confiabilidade dos dados.

Segurança de Dados: Um Panorama Geral

A segurança de dados abrange práticas, ferramentas e metodologias projetadas para proteger informações contra roubo, perda, corrupção e uso indevido. Em um ambiente de engenharia de dados, isso inclui proteger pipelines de dados, sistemas de armazenamento, redes e pontos de acesso de dados.

Princípios Fundamentais da Segurança de Dados

1. **Confidencialidade:** Garantir que apenas indivíduos autorizados tenham acesso aos dados.
2. **Integridade:** Proteger os dados contra modificações não autorizadas ou acidentais.
3. **Disponibilidade:** Garantir que os dados estejam acessíveis para usuários autorizados quando necessário.

Governança de Dados: A Base para Compliance

A governança de dados refere-se ao conjunto de políticas, procedimentos e práticas para gerenciar a qualidade, segurança e privacidade dos dados dentro de uma organização. Ela assegura que as operações de dados estejam alinhadas com os objetivos organizacionais e em conformidade com regulamentações legais, como GDPR, LGPD e HIPAA.

Componentes da Governança de Dados

1. **Políticas de Dados:** Diretrizes que definem como os dados devem ser gerenciados e usados.
2. **Gestão de Acessos:** Controle sobre quem pode visualizar ou modificar os dados.
3. **Qualidade de Dados:** Garantia de que os dados sejam precisos, consistentes e confiáveis.
4. **Linhas de Auditoria:** Registros detalhados de todas as operações realizadas nos dados.

Práticas Essenciais de Segurança de Dados

Criptografia de Dados:

A criptografia é uma técnica fundamental para proteger dados em trânsito e em repouso. Ela converte os dados em um formato ilegível, que só pode ser decifrado por pessoas autorizadas com a chave correta.

python

```python
from cryptography.fernet import Fernet

# Gerando uma chave de criptografia
key = Fernet.generate_key()
cipher_suite = Fernet(key)

# Criptografando dados sensíveis
data = "Sensitive Information"
encrypted_data = cipher_suite.encrypt(data.encode())
print(encrypted_data)
```

```python
# Descriptografando os dados
decrypted_data =
cipher_suite.decrypt(encrypted_data).decode()
print(decrypted_data)
```

A criptografia deve ser aplicada a dados armazenados em bancos de dados, arquivos, APIs e durante a transmissão por redes.

Autenticação e autorização:

Implementar autenticação robusta e controles de autorização é crucial para evitar acessos não autorizados. Práticas como autenticação multifator (MFA) e o princípio do menor privilégio são amplamente recomendadas.

python

```python
from werkzeug.security import generate_password_hash,
check_password_hash

# Armazenando senhas com hash
password = "securepassword"
hashed_password = generate_password_hash(password)

# Verificando senhas
is_valid = check_password_hash(hashed_password,
"securepassword")
print(is_valid)
```

Monitoramento e detecção de ameaças:

Monitorar continuamente o ambiente de dados permite detectar e responder rapidamente a atividades suspeitas ou ataques. Ferramentas como SIEM (Security Information and Event Management) ajudam a centralizar logs e alertas.

python

```python
import logging

# Configurando logs para monitorar atividades
logging.basicConfig(filename='data_access.log',
level=logging.INFO)
logging.info('User accessed sensitive data at 2024-01-01
10:00:00')
```

Backup e recuperação de dados:

Garantir backups regulares e estratégias de recuperação é essencial para proteger os dados contra perda ou corrupção. Os backups devem ser armazenados em locais seguros e regularmente testados para verificar sua integridade.

Governança de Dados: Implementação e Benefícios

Data Cataloging:

Um catálogo de dados organiza as informações disponíveis dentro da organização, fornecendo contexto e metadados que ajudam os usuários a localizar e entender os dados.

Ferramentas como Apache Atlas e Alation podem ser usadas para construir catálogos robustos.

python

```python
# Exemplo básico de metadados para um catálogo de dados
metadata = {
    "table_name": "customer_data",
    "columns": [
        {"name": "customer_id", "type": "INT", "description": "Unique identifier for customers"},
        {"name": "email", "type": "VARCHAR", "description": "Email address of the customer"},
        {"name": "signup_date", "type": "DATE", "description": "Date when the customer signed up"}
    ]
```

```
}
print(metadata)
```

Data Lineage:

O rastreamento do ciclo de vida dos dados ajuda a identificar sua origem, transformações realizadas e destino final. Isso garante transparência e facilita auditorias.

python

```
# Simulação de rastreamento de dados
data_lineage = {
    "source": "CRM System",
    "transformations": ["Remove duplicates", "Standardize date
format"],
    "destination": "Data Warehouse"
}
print(data_lineage)
```

Conformidade com Regulamentações

Adotar práticas de conformidade, como anonimização e pseudonimização de dados, ajuda a proteger informações sensíveis e a atender requisitos legais.

python

```
import hashlib

# Pseudonimização de dados
email = "user@example.com"
hashed_email = hashlib.sha256(email.encode()).hexdigest()
print(hashed_email)
```

Governança em Tempo Real

A integração de políticas de governança em pipelines de dados em tempo real garante que os dados sejam processados de maneira segura e em conformidade desde sua ingestão.

Desafios e Soluções em Segurança e Governança

Escalabilidade:

À medida que os volumes de dados crescem, manter a segurança e governança torna-se mais desafiador. Soluções incluem automação de processos e uso de ferramentas escaláveis.

Integração de dados heterogêneos:

Combinar dados de diferentes fontes pode gerar inconsistências e vulnerabilidades. Implementar padrões e protocolos unificados ajuda a mitigar esses problemas.

Balancear segurança e acessibilidade:

Proteger os dados sem comprometer sua usabilidade é uma questão delicada. Estratégias como controle baseado em funções (RBAC) ajudam a equilibrar esses objetivos.

python

```python
# Exemplo básico de RBAC
roles = {
    "admin": ["read", "write", "delete"],
    "analyst": ["read", "write"],
    "viewer": ["read"]
}

def has_permission(role, action):
    return action in roles.get(role, [])

print(has_permission("analyst", "delete")) # False
print(has_permission("viewer", "read"))  # True
```

Ferramentas para Segurança e Governança

- **Apache Ranger:** Gerenciamento centralizado de políticas de segurança.

- **AWS Lake Formation:** Governança de dados em lagos de dados.

- **Collibra:** Plataforma de governança e qualidade de dados.

Benefícios da Segurança e Governança de Dados

1. **Mitigação de Riscos:** Proteção contra vazamentos de dados e violações de segurança.
2. **Conformidade Regulatória:** Evitar penalidades legais e manter a confiança do cliente.
3. **Qualidade de Dados:** Garantir que os dados sejam precisos e úteis para análises.
4. **Eficiência Operacional:** Processos padronizados reduzem redundâncias e erros.

A segurança e a governança de dados são indispensáveis para qualquer organização que lida com informações sensíveis e busca aproveitar o máximo valor de seus dados. Ao implementar práticas robustas, usar ferramentas adequadas e promover uma cultura organizacional voltada para a segurança e conformidade, é possível proteger os dados, atender regulamentações e criar uma base sólida para decisões estratégicas. O domínio dessas práticas é essencial para engenheiros de dados que desejam liderar em um mercado cada vez mais orientado por dados.

CAPÍTULO 14. ENGENHARIA DE DADOS EM AMBIENTES DE BIG DATA

A engenharia de dados em ambientes de Big Data envolve o processamento, armazenamento e análise de volumes massivos de informações, muitas vezes em tempo real ou quase real. À medida que o volume, a variedade e a velocidade dos dados aumentam, ferramentas e frameworks robustos como Hadoop e Spark tornam-se indispensáveis para lidar com esses desafios. Exploraremos os princípios, técnicas e exemplos práticos para trabalhar em ambientes de Big Data utilizando essas tecnologias.

O Contexto do Big Data

Big Data refere-se a conjuntos de dados grandes e complexos que não podem ser gerenciados com ferramentas tradicionais de banco de dados. Ele é caracterizado por cinco V's principais:

1. **Volume:** Quantidades massivas de dados, frequentemente medidos em terabytes ou petabytes.
2. **Variedade:** Dados estruturados, semiestruturados e não estruturados provenientes de diversas fontes.
3. **Velocidade:** A necessidade de processar dados em tempo real ou com baixa latência.
4. **Veracidade:** Garantir a qualidade e a precisão dos dados para análises confiáveis.
5. **Valor:** O insight gerado a partir dos dados processados.

Esses desafios exigem arquiteturas escaláveis e distribuídas que podem processar dados de forma eficiente e confiável.

Introdução ao Hadoop

O Hadoop é um framework de código aberto que permite o armazenamento e processamento distribuído de grandes volumes de dados em clusters de computadores. Ele é composto por quatro componentes principais:

1. **HDFS (Hadoop Distributed File System):** Sistema de armazenamento distribuído que armazena dados em grandes blocos distribuídos por vários nós.
2. **MapReduce:** Modelo de programação para processar grandes volumes de dados em paralelo.
3. **YARN (Yet Another Resource Negotiator):** Gerenciador de recursos que coordena tarefas em clusters.
4. **Hadoop Common:** Conjunto de bibliotecas e utilitários necessários para a operação do Hadoop.

Trabalhando com o HDFS

O HDFS divide arquivos em blocos e os distribui entre nós em um cluster. Isso permite o processamento paralelo e garante a resiliência dos dados em caso de falhas.

bash

```bash
# Criando um diretório no HDFS
hdfs dfs -mkdir /user/data

# Carregando um arquivo para o HDFS
hdfs dfs -put localfile.txt /user/data/

# Listando arquivos no HDFS
hdfs dfs -ls /user/data

# Lendo um arquivo do HDFS
hdfs dfs -cat /user/data/localfile.txt
```

Processamento com MapReduce

O MapReduce divide o processamento de dados em duas fases:
Map e Reduce. A fase Map filtra e organiza os dados, enquanto a
fase Reduce agrega os resultados.

java

```java
import org.apache.hadoop.conf.Configuration;
import org.apache.hadoop.fs.Path;
import org.apache.hadoop.io.IntWritable;
import org.apache.hadoop.io.Text;
import org.apache.hadoop.mapreduce.Job;
import org.apache.hadoop.mapreduce.Mapper;
import org.apache.hadoop.mapreduce.Reducer;
import org.apache.hadoop.mapreduce.lib.input.FileInputFormat;
import org.apache.hadoop.mapreduce.lib.output.FileOutputFormat;

import java.io.IOException;

public class WordCount {
    public static class TokenizerMapper extends Mapper<Object,
Text, Text, IntWritable> {
        private final static IntWritable one = new IntWritable(1);
        private Text word = new Text();

        public void map(Object key, Text value, Context context)
throws IOException, InterruptedException {
            String[] tokens = value.toString().split("\\s+");
            for (String token : tokens) {
                word.set(token);
                context.write(word, one);
            }
        }
    }

    public static class IntSumReducer extends Reducer<Text,
```

```
IntWritable, Text, IntWritable> {
    public void reduce(Text key, Iterable<IntWritable> values,
Context context) throws IOException, InterruptedException {
        int sum = 0;
        for (IntWritable val : values) {
            sum += val.get();
        }
        context.write(key, new IntWritable(sum));
    }
}

    public static void main(String[] args) throws Exception {
        Configuration conf = new Configuration();
        Job job = Job.getInstance(conf, "word count");
        job.setJarByClass(WordCount.class);
        job.setMapperClass(TokenizerMapper.class);
        job.setReducerClass(IntSumReducer.class);
        job.setOutputKeyClass(Text.class);
        job.setOutputValueClass(IntWritable.class);
        FileInputFormat.addInputPath(job, new Path(args[0]));
        FileOutputFormat.setOutputPath(job, new Path(args[1]));
        System.exit(job.waitForCompletion(true) ? 0 : 1);
    }
}
```

Este programa implementa uma contagem de palavras usando MapReduce, onde o Mapper divide o texto em palavras e o Reducer soma as ocorrências.

Introdução ao Apache Spark

O Apache Spark é uma ferramenta de processamento de dados distribuída conhecida por sua velocidade e facilidade de uso. Ele suporta várias linguagens, incluindo Python, Java e Scala, e fornece APIs para processar dados em memória.

Componentes Principais do Spark

1. **Spark Core:** Gerencia o processamento e o gerenciamento de tarefas.
2. **Spark SQL:** Suporte para consultas SQL em dados estruturados.
3. **Spark Streaming:** Processamento de fluxos de dados em tempo real.
4. **MLlib:** Biblioteca de aprendizado de máquina para tarefas analíticas avançadas.
5. **GraphX:** API para processamento de gráficos.

Processamento de Dados com Spark

python

```
from pyspark.sql import SparkSession

# Criando uma sessão Spark
spark =
SparkSession.builder.appName("BigDataProcessing").getOrCrea
te()

# Carregando um arquivo CSV
data = spark.read.csv("hdfs://localhost:9000/user/data/
sales.csv", header=True, inferSchema=True)

# Filtrando dados
filtered_data = data.filter(data['amount'] > 100)

# Agrupando e somando vendas por categoria
aggregated_data =
filtered_data.groupBy("category").sum("amount")

# Mostrando os resultados
aggregated_data.show()

# Salvando os resultados no HDFS
aggregated_data.write.csv("hdfs://localhost:9000/user/data/
```

processed_sales")

Comparação entre Hadoop e Spark

Característica	Hadoop	Spark
Processamento	Baseado em disco	Baseado em memória
Velocidade	Mais lento	Mais rápido
Facilidade de Uso	Requer programação extensiva	APIs amigáveis em várias linguagens
Casos de Uso	Processamento em lote	Processamento em lote e em tempo real

Boas Práticas em Big Data

1. **Particionamento de Dados:** Divida grandes conjuntos de dados em partições menores para processamento paralelo eficiente.
2. **Evite Movimentação Excessiva:** Minimize transferências de dados entre nós para reduzir a latência.
3. **Uso de Caches:** Armazene resultados intermediários na memória para acelerar operações subsequentes.
4. **Escalabilidade Horizontal:** Adicione mais nós ao cluster para aumentar a capacidade de processamento.

Segurança em Ambientes de Big Data

Proteger dados em ambientes de Big Data é crucial. Medidas incluem:

- Criptografia de dados em repouso e em trânsito.

- Autenticação e autorização robustas.

- Monitoramento contínuo de atividades no cluster.

python

```python
# Configuração básica de segurança no Spark
spark = SparkSession.builder \
    .appName("SecureBigDataApp") \
    .config("spark.hadoop.fs.s3a.access.key", "your-access-key") \
    .config("spark.hadoop.fs.s3a.secret.key", "your-secret-key") \
    .getOrCreate()
```

A engenharia de dados em ambientes de Big Data exige ferramentas poderosas como Hadoop e Spark para processar volumes massivos de informações de forma eficiente. Com práticas robustas e atenção à segurança, é possível implementar pipelines escaláveis e confiáveis, extraindo valor de dados complexos e variados. Profissionais que controlam essas tecnologias estão preparados para liderar projetos em um mundo cada vez mais orientado por dados.

CAPÍTULO 15. INTEGRAÇÃO COM APIS E WEB SERVICES

A integração com APIs (Application Programming Interfaces) e Web Services é uma prática essencial para engenheiros de dados que precisam coletar e consumir dados externos de forma eficiente e segura. APIs são interfaces padronizadas que permitem a comunicação entre diferentes sistemas, enquanto Web Services representam uma implementação mais específica de APIs que utilizam protocolos baseados em XML ou JSON para troca de informações.

Essa integração é amplamente usada para acessar dados em tempo real, automatizar fluxos de trabalho e enriquecer bases de dados locais com informações provenientes de fontes externas, como serviços financeiros, plataformas de mídia social, sistemas de CRM e APIs públicas.

O Papel das APIs na Engenharia de Dados

APIs são o ponto de contato entre um consumidor (cliente) e um provedor de serviços. Elas fornecem um meio padronizado de realizar operações como leitura, escrita, atualização e exclusão de dados em sistemas externos.

Tipos de APIs

1. **REST (Representational State Transfer):** APIs baseadas em HTTP, que utilizam métodos como GET, POST, PUT e DELETE.
2. **SOAP (Simple Object Access Protocol):** APIs baseadas em XML e protocolos mais rígidos, como WSDL.

3. **GraphQL:** Uma linguagem de consulta que permite recuperar exatamente os dados necessários.
4. **gRPC:** Um framework de chamada de procedimentos remotos de alto desempenho, usado principalmente em microserviços.

REST é o padrão mais amplamente utilizado devido à sua simplicidade, flexibilidade e compatibilidade com diferentes sistemas.

Estrutura Básica de uma Requisição RESTful

Uma requisição a uma API RESTful geralmente inclui os seguintes elementos:

1. **Endpoint:** O URL que representa o recurso, como https://api.example.com/v1/users.
2. **Método HTTP:** Define a operação a ser realizada, como GET (obter dados), POST (criar recursos), PUT (atualizar) ou DELETE (remover).
3. **Cabeçalhos (Headers):** Contêm metadados sobre a requisição, como autenticação e formato de resposta esperado.
4. **Corpo da Requisição (Body):** Usado para enviar dados em operações como POST e PUT.

Trabalhando com APIs Utilizando Python

Python oferece bibliotecas robustas como requests para interagir com APIs de maneira simples e eficiente.

Requisição GET

python

```
import requests

# Fazendo uma requisição GET
url = "https://api.openweathermap.org/data/2.5/weather"
```

```python
params = {
    "q": "São Paulo",
    "appid": "your_api_key"
}
response = requests.get(url, params=params)

# Verificando o status da resposta
if response.status_code == 200:
    data = response.json()
    print(f"Temperature: {data['main']['temp']}°K")
else:
    print(f"Failed to fetch data: {response.status_code}")
```

Nesse exemplo, os dados meteorológicos da cidade de São Paulo são recuperados de uma API pública usando o método GET.

Requisição POST

python

```python
# Fazendo uma requisição POST
url = "https://api.example.com/v1/users"
headers = {"Authorization": "Bearer your_token"}
payload = {
    "name": "John Doe",
    "email": "john.doe@example.com",
    "password": "securepassword"
}
response = requests.post(url, headers=headers, json=payload)

# Verificando o status da resposta
if response.status_code == 201:
    print("User created successfully.")
else:
    print(f"Failed to create user: {response.status_code}")
```

Aqui, um novo usuário é criado em um sistema externo enviando um payload JSON na requisição POST.

Consumo de APIs em Ambientes de Produção

Gerenciamento de Chaves de API

As chaves de API são usadas para autenticar e autorizar acessos. Elas devem ser armazenadas com segurança para evitar acessos não autorizados.

python

```python
import os

# Obtendo a chave de API do ambiente
api_key = os.getenv("API_KEY")

url = f"https://api.example.com/data?key={api_key}"
response = requests.get(url)
```

As variáveis de ambiente são uma prática recomendada para gerenciar segredos em produção.

Tratamento de Erros

APIs podem retornar diferentes códigos de status para indicar erros. O tratamento adequado garante a resiliência do sistema.

python

```python
response = requests.get("https://api.example.com/data")
if response.status_code == 200:
    print("Success!")
elif response.status_code == 404:
    print("Resource not found.")
elif response.status_code == 401:
    print("Unauthorized access.")
else:
    print(f"Unexpected error: {response.status_code}")
```

Paginação

Muitas APIs limitam o número de registros retornados em uma única requisição e fornecem mecanismos de paginação.

python

```python
url = "https://api.example.com/v1/items"
params = {"page": 1, "limit": 50}

while True:
    response = requests.get(url, params=params)
    data = response.json()
    if not data['items']:
        break
    for item in data['items']:
        print(item)
    params['page'] += 1
```

Recupera todos os itens de uma API paginada, iterando por todas as páginas.

Integração com Web Services SOAP

Embora menos comum atualmente, SOAP ainda é amplamente utilizado em setores como finanças e saúde, onde a consistência e a rigidez do protocolo são preferíveis.

Consumindo um Serviço SOAP com Python

Bibliotecas como zeep simplificam a interação com Web Services SOAP.

python

```python
from zeep import Client

# Criando o cliente SOAP
wsdl = "https://www.example.com/service?wsdl"
client = Client(wsdl=wsdl)

# Chamando um método do serviço
```

```
response = client.service.GetCustomerDetails(customerId=123)
print(response)
```

A interface WSDL (Web Services Description Language) descreve os métodos e tipos de dados disponíveis no serviço SOAP.

Implementando APIs para Integração de Dados

Engenheiros de dados também podem criar APIs para compartilhar dados internos ou integrar sistemas. Frameworks como Flask e FastAPI são amplamente usados para implementar APIs em Python.

Criando uma API Simples com Flask

python

```python
from flask import Flask, request, jsonify

app = Flask(__name__)

# Simulando um banco de dados
users = [
    {"id": 1, "name": "Alice"},
    {"id": 2, "name": "Bob"}
]

@app.route("/users", methods=["GET"])
def get_users():
    return jsonify(users)

@app.route("/users/<int:user_id>", methods=["GET"])
def get_user(user_id):
    user = next((u for u in users if u["id"] == user_id), None)
    if user:
        return jsonify(user)
    return jsonify({"error": "User not found"}), 404

if __name__ == "__main__":
    app.run(debug=True)
```

Esse código implementa uma API RESTful com dois endpoints para listar todos os usuários e buscar um usuário específico pelo ID.

Boas Práticas para Integração com APIs

1. **Documentação:** Use ferramentas como Swagger ou Postman para documentar e testar APIs.
2. **Taxas de Limite (Rate Limiting):** Respeite os limites impostos por provedores para evitar bloqueios.
3. **Cache de Respostas:** Implemente caching para reduzir chamadas repetitivas.
4. **Segurança:** Sempre use HTTPS e autenticação robusta para proteger os dados.
5. **Monitoramento:** Acompanhe a latência e a taxa de erros das requisições para identificar problemas.

A integração com APIs e Web Services é um aspecto vital da engenharia de dados moderna, permitindo que os sistemas se conectem a fontes externas de dados e compartilhem informações de maneira eficiente. Com o entendimento de técnicas, ferramentas e boas práticas descritas neste capítulo, engenheiros de dados podem implementar soluções robustas que maximizam o valor dos dados e melhoram a interoperabilidade entre sistemas.

CAPÍTULO 16. MACHINE LEARNING E ENGENHARIA DE DADOS

A integração entre engenharia de dados e machine learning é essencial para o desenvolvimento de modelos robustos e precisos. A preparação de dados é uma etapa crítica que afeta diretamente o desempenho e a acurácia dos algoritmos de aprendizado de máquina. Este capítulo explora as melhores práticas, ferramentas e técnicas para organizar, limpar e transformar os dados em conjuntos prontos para treinamento e avaliação de modelos.

O Papel da Engenharia de Dados no Machine Learning

A engenharia de dados fornece a base necessária para alimentar modelos de machine learning com dados de qualidade. Essa etapa inclui a coleta, limpeza, transformação e integração de informações provenientes de diversas fontes. Sem um pipeline de dados bem projetado, os modelos enfrentam problemas como inconsistência, valores ausentes ou redundâncias, o que pode comprometer seu desempenho.

Principais Desafios na Preparação de Dados

1. **Inconsistência de Formatos:** Dados provenientes de diferentes fontes podem ter formatos variados.
2. **Valores Ausentes:** Lacunas nos dados podem dificultar o treinamento do modelo.
3. **Outliers:** Valores atípicos podem distorcer os resultados do aprendizado.

4. **Desequilíbrio de Classes:** Em problemas de classificação, classes desbalanceadas podem levar a modelos enviesados.

5. **Alta Dimensionalidade:** Dados com muitas variáveis irrelevantes podem aumentar a complexidade sem agregar valor ao modelo.

Etapas da Preparação de Dados

1. Coleta de Dados

A coleta de dados envolve a integração de informações de várias fontes, como bancos de dados, APIs, arquivos CSV, sensores IoT e logs de aplicativos. Um pipeline eficiente automatiza esse processo e garante a consistência dos dados.

python

```python
import pandas as pd

# Carregando dados de múltiplas fontes
db_data = pd.read_sql_query("SELECT * FROM transactions", connection)
api_data = pd.read_json("https://api.example.com/data")
csv_data = pd.read_csv("local_data.csv")

# Combinando dados em um único DataFrame
combined_data = pd.concat([db_data, api_data, csv_data], ignore_index=True)
print(combined_data.head())
```

2. Limpeza de Dados

A limpeza de dados remove inconsistências, valores ausentes e duplicados. Essa etapa é essencial para garantir a integridade e a qualidade das informações.

python

```python
# Removendo valores ausentes
cleaned_data = combined_data.dropna()
```

```python
# Removendo duplicatas
cleaned_data = cleaned_data.drop_duplicates()
```

```python
# Corrigindo formatos de colunas
cleaned_data['date'] = pd.to_datetime(cleaned_data['date'])
print(cleaned_data.info())
```

3. Transformação de Dados

A transformação de dados envolve operações como normalização, padronização, codificação e agregação. Essas transformações garantem que os dados estejam em um formato adequado para o treinamento do modelo.

- **Normalização:** Escala os dados para um intervalo fixo, como 0 a 1.

python

```python
from sklearn.preprocessing import MinMaxScaler

scaler = MinMaxScaler()
scaled_data = scaler.fit_transform(cleaned_data[['amount',
'price']])
```

- **Codificação de Variáveis Categóricas:** Converte categorias em representações numéricas.

python

```python
from sklearn.preprocessing import OneHotEncoder

encoder = OneHotEncoder(sparse=False)
encoded_data =
encoder.fit_transform(cleaned_data[['category']])
```

4. Extração de Recursos

A engenharia de recursos (feature engineering) cria novas variáveis ou transforma variáveis existentes para melhorar a representatividade dos dados. Essa etapa exige criatividade e conhecimento do domínio.

python

```
# Criando uma nova variável
cleaned_data['order_value'] = cleaned_data['quantity'] *
cleaned_data['price']

# Transformando dados temporais
cleaned_data['order_month'] = cleaned_data['date'].dt.month
cleaned_data['order_day_of_week'] =
cleaned_data['date'].dt.dayofweek
```

5. Divisão de Dados

A divisão de dados separa o conjunto em subconjuntos de treinamento, validação e teste. Essa prática ajuda a avaliar o desempenho do modelo em dados não vistos.

python

```
from sklearn.model_selection import train_test_split

X = cleaned_data.drop(columns=['target'])
y = cleaned_data['target']

X_train, X_test, y_train, y_test = train_test_split(X, y,
test_size=0.2, random_state=42)
```

Pipelines Automatizados para Machine Learning

Os pipelines automatizados são sequências de etapas que processam os dados de forma repetível e escalável. Bibliotecas como scikit-learn oferecem suporte para criar pipelines que integram pré-processamento, extração de recursos e treinamento de modelos.

python

```python
from sklearn.pipeline import Pipeline
from sklearn.impute import SimpleImputer
from sklearn.ensemble import RandomForestClassifier

# Criando um pipeline
pipeline = Pipeline([
    ('imputer', SimpleImputer(strategy='mean')),
    ('scaler', MinMaxScaler()),
    ('model', RandomForestClassifier(random_state=42))
])

# Treinando o pipeline
pipeline.fit(X_train, y_train)

# Avaliando o desempenho
accuracy = pipeline.score(X_test, y_test)
print(f"Accuracy: {accuracy:.2f}")
```

Trabalhando com Grandes Volumes de Dados

Em cenários de Big Data, bibliotecas como Dask e Spark são indispensáveis para processar dados em larga escala.

Processamento com Dask

Dask permite trabalhar com grandes conjuntos de dados em um ambiente similar ao Pandas, mas com suporte a paralelismo e escalabilidade.

python

```python
import dask.dataframe as dd

# Carregando dados com Dask
```

```python
dask_data = dd.read_csv("large_dataset.csv")

# Operações paralelas
filtered_data = dask_data[dask_data['amount'] > 1000]
aggregated_data =
filtered_data.groupby('category').sum().compute()
print(aggregated_data)
```

Processamento com PySpark

PySpark é a API em Python do Apache Spark, projetada para processamento distribuído de grandes volumes de dados.

python

```python
from pyspark.sql import SparkSession

# Criando uma sessão Spark
spark =
SparkSession.builder.appName("MLDataPreparation").getOrCre
ate()

# Carregando dados
spark_data = spark.read.csv("large_dataset.csv", header=True,
inferSchema=True)

# Transformações
filtered_data = spark_data.filter(spark_data['amount'] > 1000)
aggregated_data =
filtered_data.groupBy("category").sum("amount")
aggregated_data.show()
```

Boas Práticas na Preparação de Dados

1. **Automatização:** Use pipelines para garantir consistência e reprodutibilidade.
2. **Validação Cruzada:** Avalie o modelo com diferentes divisões de dados para evitar overfitting.

3. **Monitoramento de Dados:** Acompanhe mudanças nos dados para evitar que modelos antigos fiquem obsoletos.
4. **Documentação:** Documente cada transformação para facilitar a interpretação dos resultados.

Integração de Machine Learning com Engenharia de Dados

Engenheiros cientistas de dados frequentemente trabalham juntos para criar pipelines robustos que integram pré-processamento e aprendizado de máquina. Ferramentas como MLflow permitem gerenciar experimentos, acompanhar métricas e implantar modelos.

python

```python
import mlflow
from sklearn.ensemble import GradientBoostingClassifier

# Configurando o rastreamento de experimentos
mlflow.set_tracking_uri("http://localhost:5000")
mlflow.set_experiment("ml_pipeline_experiment")

with mlflow.start_run():
    model = GradientBoostingClassifier()
    model.fit(X_train, y_train)

    # Registrando métricas
    accuracy = model.score(X_test, y_test)
    mlflow.log_metric("accuracy", accuracy)

    # Registrando o modelo
    mlflow.sklearn.log_model(model, "model")
```

A preparação de dados é um componente vital na integração

entre engenharia de dados e machine learning. Com pipelines bem projetados, técnicas adequadas e uso de ferramentas modernas, engenheiros de dados podem transformar dados brutos em conjuntos prontos para aprendizado de máquina, garantindo a qualidade e eficiência dos modelos.

CAPÍTULO 17. TESTES AUTOMATIZADOS EM PIPELINES DE DADOS

Testes automatizados em pipelines de dados são fundamentais para garantir a confiabilidade, a precisão e a robustez das operações em cada etapa do processo. Com o aumento da complexidade dos sistemas de dados, a implementação de uma estratégia de testes bem estruturada é essencial para evitar problemas como dados corrompidos, atrasos no processamento e erros de integração.

Os pipelines de dados envolvem várias etapas, como extração, transformação, carregamento, limpeza e validação, cada uma delas sujeita a erros. Testes automatizados ajudam a identificar e corrigir falhas antes que elas impactem os sistemas e usuários finais.

Por que Testar Pipelines de Dados?

Ao contrário de sistemas tradicionais, os pipelines de dados não produzem apenas código executável, mas também lidam com a integridade, a consistência e a qualidade das informações. Portanto, os testes garantem que:

- Os dados sejam extraídos corretamente de diferentes fontes.

- As transformações aplicadas estejam corretas.

- Os dados carregados no destino mantenham sua

integridade.

- As dependências entre etapas do pipeline sejam respeitadas.

Tipos de Testes em Pipelines de Dados

Os testes podem ser classificados com base em diferentes critérios e objetivos:

1. Testes de Unidade

Focados em validar funções e transformações individuais. Esses testes asseguram que componentes isolados funcionem conforme esperado.

python

```python
import unittest

def calculate_total(price, quantity):
    return price * quantity

class TestTransformations(unittest.TestCase):
    def test_calculate_total(self):
        self.assertEqual(calculate_total(10, 2), 20)
        self.assertEqual(calculate_total(5, 0), 0)

if __name__ == "__main__":
    unittest.main()
```

2. Testes de Integração

Validam a interação entre diferentes etapas do pipeline ou entre sistemas conectados, como bancos de dados e APIs.

python

```python
import sqlite3
```

```python
def test_database_connection():
    connection = sqlite3.connect(":memory:")
    cursor = connection.cursor()
    cursor.execute("CREATE TABLE test (id INTEGER, name TEXT)")
    cursor.execute("INSERT INTO test (id, name) VALUES (1, 'Alice')")
    connection.commit()

    cursor.execute("SELECT * FROM test")
    results = cursor.fetchall()
    assert results == [(1, 'Alice')]

    connection.close()
```

3. Testes de Regressão

Garantem que alterações no pipeline não introduzam novos erros ou modifiquem comportamentos previamente testados.

python

```python
from pandas.testing import assert_frame_equal
import pandas as pd

def test_regression():
    old_data = pd.DataFrame({"col1": [1, 2], "col2": ["A", "B"]})
    new_data = pd.DataFrame({"col1": [1, 2], "col2": ["A", "B"]})
    assert_frame_equal(old_data, new_data)
```

4. Testes de Performance

Avaliam a capacidade do pipeline de lidar com grandes volumes de dados dentro de limites de tempo aceitáveis.

python

```python
import time
```

```python
def test_performance():
    start_time = time.time()
    # Simulando uma operação de pipeline
    result = [x**2 for x in range(10**6)]
    end_time = time.time()
    elapsed_time = end_time - start_time
    assert elapsed_time < 2, f"Pipeline took too long: {elapsed_time} seconds"
```

5. Testes de Qualidade de Dados

Garantem que os dados estejam limpos, consistentes e dentro das regras de negócio.

python

```python
import pandas as pd

def test_data_quality():
    data = pd.DataFrame({
        "id": [1, 2, None],
        "value": [100, 200, 300]
    })
    assert data["id"].isnull().sum() == 0, "Missing IDs in data"
```

Estratégias para Testes Automatizados

1. Mocking e Simulação

Mocking é a criação de objetos simulados para testar interações sem depender de sistemas externos, como APIs ou bancos de dados.

python

```python
from unittest.mock import Mock

def test_api_call():
```

```python
mock_api = Mock()
mock_api.get.return_value = {"status": "success", "data": [1, 2, 3]}
response = mock_api.get("https://api.example.com/data")
assert response["status"] == "success"
```

2. Dados de Teste

Crie conjuntos de dados pequenos e controlados para validar as operações do pipeline. Eles devem representar casos típicos, limites e cenários incomuns.

python

```python
import pandas as pd

test_data = pd.DataFrame({
    "user_id": [1, 2, 3],
    "purchase_amount": [50.0, 100.0, None]
})
```

3. Automação com Ferramentas de CI/CD

A integração contínua (CI) e a entrega contínua (CD) permitem executar automaticamente os testes sempre que houver mudanças no pipeline.

Ferramentas como Jenkins, GitHub Actions e Travis CI são amplamente utilizadas para configurar pipelines de testes automatizados.

yaml

```yaml
# Configuração básica de um pipeline CI usando GitHub Actions
name: Data Pipeline Tests

on:
  push:
    branches:
```

```
    - main

jobs:
  test:
    runs-on: ubuntu-latest
    steps:
      - name: Checkout repository
        uses: actions/checkout@v2
      - name: Set up Python
        uses: actions/setup-python@v2
        with:
          python-version: 3.9
      - name: Install dependencies
        run: pip install -r requirements.txt
      - name: Run tests
        run: pytest
```

4. Validação de Resultados

Compare os resultados do pipeline com valores esperados para garantir a precisão. A validação pode incluir a comparação de tabelas de banco de dados, arquivos de saída ou métricas agregadas.

python

```python
expected_output = {"id": [1, 2, 3], "total": [100, 200, 300]}
actual_output = {"id": [1, 2, 3], "total": [100, 200, 300]}
assert expected_output == actual_output, "Output does not match expected"
```

Desafios e Soluções em Testes de Pipelines

Escalabilidade

Pipelines que lidam com grandes volumes de dados podem levar muito tempo para testes completos. A solução inclui:

- Usar subconjuntos representativos de dados.

- Executar testes de desempenho em ambientes paralelos.

Dados Dinâmicos

Fontes de dados externas, como APIs, podem retornar resultados diferentes ao longo do tempo. Mocking e snapshots ajudam a resolver esse problema.

Integração Complexa

Pipelines com dependências múltiplas entre etapas exigem validações detalhadas e pipelines de testes mais complexos. Ferramentas como Apache Airflow podem ser usadas para orquestrar e monitorar testes.

python

```python
from airflow.models import DAG
from airflow.operators.python_operator import
PythonOperator
from datetime import datetime

def test_step_1():
    assert 1 + 1 == 2

def test_step_2():
    assert 2 * 2 == 4

with DAG('pipeline_test_dag', start_date=datetime(2024, 1, 1))
as dag:
    step_1 = PythonOperator(task_id='test_step_1',
python_callable=test_step_1)
    step_2 = PythonOperator(task_id='test_step_2',
python_callable=test_step_2)
    step_1 >> step_2
```

Ferramentas para Testes Automatizados

1. **Pytest:** Framework flexível e poderoso para testes em Python.
2. **Great Expectations:** Plataforma específica para validar qualidade de dados.
3. **Apache Airflow:** Orquestração e monitoramento de pipelines, incluindo testes.
4. **Postman/Newman:** Testes de APIs e validação de endpoints usados no pipeline.

Testes automatizados são essenciais para manter a confiabilidade e a eficiência dos pipelines de dados. A implementação de estratégias abrangentes para testar cada etapa do pipeline reduz riscos e garante que os dados processados atendam aos padrões esperados. Com a combinação de ferramentas modernas, práticas robustas e automação, engenheiros de dados podem criar pipelines confiáveis que suportam as demandas crescentes de um mundo orientado por dados.

CAPÍTULO 18. CI/CD PARA ENGENHARIA DE DADOS

A automação de deploys de pipelines de dados é essencial para garantir a eficiência, a escalabilidade e a consistência das operações em sistemas modernos de engenharia de dados. A adoção de práticas de Integração Contínua (CI) e Entrega Contínua (CD) permite que alterações no código ou na infraestrutura sejam testadas, validadas e implementadas automaticamente, reduzindo erros humanos e acelerando o ciclo de desenvolvimento.

A combinação de CI/CD com pipelines de dados ajuda a criar fluxos de trabalho robustos e confiáveis, otimizando a integração de novas funcionalidades, a atualização de componentes e a detecção de falhas em fases iniciais do processo.

O Que É CI/CD?

CI/CD refere-se a um conjunto de práticas que automatizam as etapas de integração e entrega de código ou pipelines de dados. O objetivo é implementar mudanças de forma incremental e contínua, minimizando riscos e permitindo iterações rápidas.

Integração Contínua (CI)

- Inclui o teste automático de mudanças em código assim que ele é enviado para o repositório.

- Detecta problemas rapidamente e fornece feedback imediato aos desenvolvedores.

Entrega Contínua (CD)

- Garante que o código testado esteja pronto para implantação em qualquer ambiente, desde desenvolvimento até produção.

- Automatiza o processo de deployment para ambientes específicos.

Deploy Contínuo

- Extensão da entrega contínua, onde mudanças aprovadas são automaticamente implementadas no ambiente de produção.

Benefícios do CI/CD em Pipelines de Dados

- **Confiabilidade:** Reduz falhas ao testar e validar mudanças automaticamente.

- **Velocidade:** Acelera o ciclo de desenvolvimento e implantação.
- **Consistência:** Garante que o mesmo processo seja seguido em todos os ambientes.

- **Escalabilidade:** Facilita a implementação de alterações em sistemas complexos e distribuídos.

Componentes do CI/CD para Engenharia de Dados

1. **Repositório de Código**
   - Contém o código do pipeline, scripts SQL, definições de tarefas e documentação.

- Ferramentas como GitHub, GitLab e Bitbucket são amplamente utilizadas.

2. **Serviço de CI/CD**
- Automatiza a execução de testes, verificações de qualidade de código e deploys.
- Exemplos: Jenkins, GitHub Actions, GitLab CI/CD, CircleCI.

3. **Pipeline de Testes**
- Inclui testes unitários, integração, regressão e validação de dados.

4. **Orquestrador de Pipelines**
- Gerencia a execução das tarefas em pipelines de dados.
- Exemplos: Apache Airflow, Prefect, Dagster.

5. **Ambientes de Deploy**
- Ambientes configurados para desenvolvimento, testes, homologação e produção.

Configurando um Pipeline CI/CD para Pipelines de Dados

Estrutura Básica de um Pipeline CI/CD

1. **Construção:** Configuração do ambiente e preparação dos artefatos necessários.
2. **Testes:** Execução de testes automatizados para validar mudanças.
3. **Validação:** Verificação de qualidade de código e conformidade com padrões.
4. **Deploy:** Implementação das mudanças em ambientes de destino.

Exemplo: Configuração com GitHub Actions

GitHub Actions é uma ferramenta poderosa para criar pipelines de CI/CD diretamente em repositórios GitHub.

yaml

```yaml
name: CI/CD for Data Pipelines

on:
  push:
    branches:
      - main

jobs:
  build-test-deploy:
    runs-on: ubuntu-latest

    steps:
    - name: Checkout code
      uses: actions/checkout@v2

    - name: Set up Python
      uses: actions/setup-python@v2
      with:
        python-version: 3.9

    - name: Install dependencies
      run: |
        pip install -r requirements.txt

    - name: Run tests
      run: pytest

    - name: Deploy to production
      if: success()
      run: |
        python deploy_pipeline.py
```

Nesse exemplo:

- O código é testado automaticamente com pytest.

- Após a aprovação nos testes, o script deploy_pipeline.py implementa o pipeline no ambiente de produção.

Integração com Orquestradores de Pipelines

Apache Airflow

Apache Airflow é amplamente utilizado para gerenciar pipelines de dados. Sua integração com CI/CD permite automatizar a implantação de DAGs e configurações.

python

```python
from airflow import DAG
from airflow.operators.python_operator import
PythonOperator
from datetime import datetime

def extract_data():
    print("Extracting data...")

def transform_data():
    print("Transforming data...")

def load_data():
    print("Loading data...")

with DAG('data_pipeline', start_date=datetime(2024, 1, 1),
schedule_interval='@daily') as dag:
    extract = PythonOperator(task_id='extract',
python_callable=extract_data)
    transform = PythonOperator(task_id='transform',
python_callable=transform_data)
    load = PythonOperator(task_id='load',
python_callable=load_data)

    extract >> transform >> load
```

Após definir o DAG, ele pode ser implementado automaticamente como parte do pipeline CI/CD.

Deploy Automatizado com Airflow

Um exemplo de automação de deploy usando Airflow:

bash

```
# Copiando o arquivo DAG para o diretório de deploy
scp data_pipeline.py airflow@server:/home/airflow/dags/
```

Validação de Configurações de Airflow

Certifique-se de que as configurações do Airflow estejam consistentes antes do deploy.

bash

```
airflow dags list
airflow dags validate data_pipeline
```

Testando e Validando Pipelines de Dados

Testes Automatizados

Automatizar testes é crucial para garantir a integridade do pipeline em cada etapa.

- **Teste de Extração:** Valida a conexão com fontes de dados e verifica se os dados foram coletados corretamente.

- **Teste de Transformação:** Confirma que os cálculos e transformações estão corretos.

- **Teste de Carregamento:** Garante que os dados sejam carregados no destino corretamente.

python

```python
def test_data_extraction():
    extracted_data = extract_data_from_source()
    assert len(extracted_data) > 0, "No data extracted"

def test_data_transformation():
    transformed_data = transform_data(sample_data)
    assert transformed_data['value'].sum() > 0, "Transformation failed"

def test_data_loading():
    result = load_data_to_target(transformed_data)
    assert result is True, "Data loading failed"
```

Testes de Performance

Avalie o tempo de execução do pipeline para garantir que ele atenda aos requisitos de desempenho.

python

```python
import time

start_time = time.time()
run_pipeline()
end_time = time.time()
assert end_time - start_time < 300, "Pipeline execution took too long"
```

Desafios na Implementação de CI/CD para Pipelines de Dados

Configuração de Ambientes

A configuração consistente de ambientes para desenvolvimento, testes e produção é fundamental. Use ferramentas como Docker para criar ambientes padronizados.

Monitoramento e Logs

Acompanhe a execução dos pipelines em tempo real e registre

logs detalhados para depuração.

Gerenciamento de Dependências

Garanta que todas as dependências estejam documentadas e atualizadas para evitar falhas durante o deploy.

bash

```
pip freeze > requirements.txt
```

Boas Práticas

1. **Automatize Tudo:** Desde testes até deploys para reduzir o risco de erros humanos.
2. **Use Versionamento:** Controle versões de código, configurações e artefatos.
3. **Implemente Rollbacks:** Garanta que mudanças possam ser revertidas facilmente em caso de falhas.
4. **Documente:** Registre todas as etapas do pipeline para facilitar manutenção e auditorias.

A automação de deploys de pipelines de dados com CI/CD é uma prática indispensável para engenheiros de dados que buscam eficiência, confiabilidade e escalabilidade em seus sistemas. Com a implementação de ferramentas adequadas, estratégias robustas de teste e monitoramento contínuo, é possível criar pipelines que atendam às demandas crescentes de um mundo orientado por dados.

CAPÍTULO 19. ARQUITETURA DE DADOS NA NUVEM

A arquitetura de dados na nuvem se tornou um pilar essencial para empresas que buscam escalabilidade, flexibilidade e eficiência no gerenciamento de grandes volumes de dados. Plataformas como Amazon Web Services (AWS) e Google Cloud oferecem ferramentas robustas para construir e gerenciar pipelines de dados que atendem às necessidades modernas de processamento e análise em larga escala. Abordaremos como arquitetar, implementar e otimizar pipelines escaláveis utilizando os serviçosde tais plataformas.

Por Que Escolher a Nuvem?

A computação em nuvem oferece benefícios únicos em relação a infraestruturas locais:

1. **Escalabilidade:** Recursos podem ser ajustados automaticamente para atender demandas variáveis.
2. **Flexibilidade:** Suporte para dados estruturados, semiestruturados e não estruturados.
3. **Custo-Efetividade:** Modelo de pagamento baseado em uso, eliminando investimentos em hardware.
4. **Disponibilidade Global:** Acesso aos dados de qualquer lugar com baixa latência.
5. **Ferramentas Integradas:** Plataformas como AWS e Google Cloud fornecem serviços pré-configurados para ingestão, transformação e análise de dados.

Componentes de um Pipeline de Dados na Nuvem

Um pipeline de dados na nuvem consiste em várias etapas interligadas que permitem a coleta, transformação, armazenamento e análise de informações. Os principais componentes incluem:

1. **Ingestão de Dados:** Captura dados de várias fontes, como APIs, sistemas de arquivos e bancos de dados.
2. **Transformação:** Processa os dados para torná-los utilizáveis por sistemas analíticos.
3. **Armazenamento:** Garante que os dados sejam salvos em formatos e locais adequados para consultas e análises futuras.
4. **Visualização e Análise:** Utiliza ferramentas para criar dashboards, relatórios e modelos preditivos.

AWS para Arquitetura de Dados na Nuvem

A AWS é uma das plataformas mais amplamente utilizadas para arquiteturas de dados devido à sua variedade de serviços integrados e flexibilidade. Vamos explorar como cada componente do pipeline pode ser implementado na AWS.

Ingestão de Dados com AWS

A ingestão de dados é a etapa inicial de qualquer pipeline. A AWS oferece serviços como Amazon Kinesis e AWS Glue para facilitar a coleta de dados em tempo real ou em lotes.

python

```python
import boto3

# Configurando o cliente Kinesis
kinesis_client = boto3.client('kinesis', region_name='us-east-1')

# Enviando dados para o stream Kinesis
response = kinesis_client.put_record(
    StreamName='data_stream',
    Data=b'{"sensor_id": 123, "temperature": 22.5}',
```

```
    PartitionKey='partition_key'
)
print(response)
```

Esse script envia dados para um stream Kinesis, que pode ser consumido por outros serviços, como Lambda ou Firehose.

Transformação de Dados com AWS Glue

O AWS Glue é uma ferramenta de ETL (Extract, Transform, Load) totalmente gerenciada que automatiza a preparação de dados.

python

```
import boto3

# Configurando o cliente Glue
glue_client = boto3.client('glue', region_name='us-east-1')

# Executando um job Glue
response = glue_client.start_job_run(JobName='my_etl_job')
print(response)
```

O Glue suporta scripts personalizados em Python e Spark para transformar dados de maneira eficiente.

Armazenamento com Amazon S3 e Redshift

O Amazon S3 é amplamente utilizado para armazenamento de dados brutos, enquanto o Amazon Redshift é ideal para análises rápidas.

python

```
# Configurando o cliente S3
s3_client = boto3.client('s3', region_name='us-east-1')

# Carregando dados no S3
s3_client.upload_file('local_file.csv', 'my_bucket', 'data/
local_file.csv')
```

Para análises mais avançadas, o Redshift pode ser usado para armazenar e consultar dados diretamente.

sql

```sql
-- Criando uma tabela no Redshift
CREATE TABLE sales (
    sale_id INT,
    product_name VARCHAR(255),
    amount DECIMAL,
    sale_date TIMESTAMP
);

-- Inserindo dados
COPY sales FROM 's3://my_bucket/data/sales.csv'
CREDENTIALS
'aws_access_key_id=YOUR_ACCESS_KEY;aws_secret_access_key
=YOUR_SECRET_KEY'
CSV;
```

Visualização e Análise com QuickSight

O Amazon QuickSight é uma ferramenta poderosa para criar dashboards interativos e relatórios baseados em dados armazenados no Redshift ou S3.

Google Cloud para Arquitetura de Dados na Nuvem

O Google Cloud oferece uma abordagem igualmente robusta para construir pipelines de dados, com serviços como BigQuery, Dataflow e Cloud Storage.

Ingestão de Dados com Pub/Sub

O Google Pub/Sub permite a ingestão de dados em tempo real com alta escalabilidade.

python

```python
from google.cloud import pubsub_v1

# Configurando o publisher
publisher = pubsub_v1.PublisherClient()
topic_path = publisher.topic_path('my_project', 'data_topic')

# Publicando mensagens
data = '{"sensor_id": 123, "temperature": 22.5}'
future = publisher.publish(topic_path, data.encode('utf-8'))
print(future.result())
```

Transformação com Dataflow

O Google Dataflow é uma ferramenta de processamento baseada em Apache Beam para pipelines em tempo real e em lote.

python

```python
import apache_beam as beam

# Definindo o pipeline
with beam.Pipeline() as pipeline:
    (
        pipeline
        | 'Read from Pub/Sub' >>
beam.io.ReadFromPubSub(topic='projects/my_project/topics/
data_topic')
        | 'Transform Data' >> beam.Map(lambda x:
x.decode('utf-8').upper())
        | 'Write to Storage' >> beam.io.WriteToText('gs://
my_bucket/transformed_data.txt')
    )
```

Armazenamento com Cloud Storage e BigQuery

O Cloud Storage armazena dados brutos, enquanto o BigQuery oferece análises rápidas de grandes volumes de dados.

python

```python
from google.cloud import bigquery

# Configurando o cliente BigQuery
client = bigquery.Client()

# Executando uma consulta no BigQuery
query = """
    SELECT product_name, SUM(amount) AS total_sales
    FROM `my_project.my_dataset.sales`
    GROUP BY product_name
    ORDER BY total_sales DESC
"""
query_job = client.query(query)
for row in query_job:
    print(f"{row.product_name}: {row.total_sales}")
```

Visualização com Looker Studio

O Looker Studio (antigo Data Studio) permite criar relatórios interativos conectados diretamente ao BigQuery.

Boas Práticas para Arquitetura de Dados na Nuvem

1. **Particionamento de Dados:** Use partições para otimizar consultas e reduzir custos.
2. **Segurança:** Implemente autenticação e criptografia em trânsito e em repouso.
3. **Monitoramento:** Use serviços como AWS CloudWatch ou Google Cloud Monitoring para acompanhar o desempenho.
4. **Automatização:** Crie pipelines CI/CD para implantar e atualizar componentes do pipeline automaticamente.
5. **Controle de Custos:** Monitore o uso de recursos para evitar gastos excessivos.

Desafios e Soluções

Latência

A latência pode ser um desafio em sistemas distribuídos. Soluções incluem o uso de caches locais e redes de entrega de conteúdo (CDNs).

Integração de Dados Heterogêneos

A integração de dados de diferentes formatos e fontes requer ferramentas como Glue e Dataflow para uniformizar o processo.

Escalabilidade

Garantir que os pipelines possam lidar com volumes crescentes de dados exige arquiteturas escaláveis baseadas em serviços gerenciados.

A construção de pipelines escaláveis em plataformas como AWS e Google Cloud permite que organizações lidem com volumes massivos de dados de maneira eficiente e confiável. A combinação de ferramentas integradas, boas práticas e estratégias robustas garante que esses pipelines atendam às demandas atuais e futuras de processamento e análise de dados. Com o entendimento dessas tecnologias, engenheiros de dados estão bem preparados para enfrentar os desafios de um mundo orientado por dados.

CAPÍTULO 20. INTRODUÇÃO AO DATAOPS

DataOps é uma metodologia emergente que aplica práticas de DevOps ao gerenciamento e à engenharia de dados, promovendo maior agilidade, colaboração e automação nos fluxos de trabalho relacionados a dados. Em um ambiente onde os dados são cada vez mais críticos para a tomada de decisões, o DataOps torna-se uma abordagem essencial para integrar equipes, melhorar a qualidade dos dados e acelerar o tempo de entrega de insights.

O Que É DataOps?

DataOps, abreviação de "Data Operations," é uma prática que combina princípios de desenvolvimento ágil, integração contínua/entrega contínua (CI/CD) e automação para otimizar o ciclo de vida dos dados. Ele vai além da engenharia de dados ao integrar equipes de TI, ciência de dados e negócios para garantir que os dados certos estejam disponíveis no momento certo.

Os pilares do DataOps incluem:

1. **Colaboração entre Equipes:** Integração de engenheiros de dados, cientistas de dados e analistas.
2. **Automação de Processos:** Eliminação de tarefas repetitivas e redução de erros manuais.
3. **Monitoramento Contínuo:** Rastreamento de métricas de desempenho e qualidade dos dados em tempo real.
4. **Iteração Contínua:** Implementação de melhorias rápidas com base em feedback.

Benefícios do DataOps

1. **Agilidade:** Redução do tempo necessário para entregar insights acionáveis.
2. **Confiabilidade:** Maior controle de qualidade e menos erros nos dados.
3. **Eficiência:** Automação de tarefas repetitivas libera recursos para projetos estratégicos.
4. **Escalabilidade:** Pipelines de dados projetados para crescer junto com a organização.

Diferenças entre DevOps e DataOps

Embora compartilhem muitos princípios, DevOps e DataOps têm focos distintos. DevOps está centrado na entrega de software, enquanto DataOps se concentra na preparação, integração e entrega de dados para consumo analítico.

Aspecto	DevOps	DataOps
Objetivo	Entrega de software	Entrega de dados
Artefatos	Código e aplicações	Dados e pipelines
Ferramentas	CI/CD, monitoramento de apps	ETL, gerenciamento de qualidade
Colaboração	Desenvolvedores e operações	Engenheiros de dados e analistas

Componentes Fundamentais do DataOps

1. Automação de Pipelines

Automatizar pipelines de dados é um dos princípios básicos

do DataOps. Isso inclui tarefas como ingestão, transformação e carregamento (ETL), além de validação e monitoramento de qualidade.

python

```python
from airflow import DAG
from airflow.operators.python_operator import
PythonOperator
from datetime import datetime

def ingest_data():
    print("Ingesting data from source...")

def transform_data():
    print("Transforming data...")

def validate_data():
    print("Validating data integrity...")

with DAG('dataops_pipeline', start_date=datetime(2024, 1, 1),
schedule_interval='@daily') as dag:
    ingest = PythonOperator(task_id='ingest',
python_callable=ingest_data)
    transform = PythonOperator(task_id='transform',
python_callable=transform_data)
    validate = PythonOperator(task_id='validate',
python_callable=validate_data)

    ingest >> transform >> validate
```

2. Qualidade de Dados

A qualidade dos dados é crítica para o sucesso de qualquer iniciativa de DataOps. Métodos para garantir qualidade incluem validação de esquemas, remoção de duplicatas e verificação de valores inconsistentes.

python

```python
import pandas as pd

data = pd.DataFrame({
    "id": [1, 2, 3, None],
    "value": [100, 200, 300, 400]
})

# Verificando valores ausentes
missing_values = data.isnull().sum()
if missing_values.any():
    print(f"Missing values detected: {missing_values}")

# Removendo duplicatas
data = data.drop_duplicates()
```

3. Monitoramento e Alertas

O monitoramento contínuo permite identificar problemas no pipeline antes que eles impactem os usuários finais. Ferramentas como Prometheus e Grafana são comumente usadas para acompanhar métricas de desempenho e qualidade.

yaml

```yaml
# Configuração de monitoramento no Prometheus
global:
  scrape_interval: 15s

scrape_configs:
  - job_name: 'data_pipeline'
    static_configs:
      - targets: ['localhost:9090']
```

4. Versionamento de Dados

Assim como o versionamento de código é essencial no DevOps, o versionamento de dados permite rastrear mudanças ao longo do tempo, facilitando auditorias e reprocessamento.

python

```
import dvc

# Inicializando o controle de versão de dados
!dvc init

# Adicionando dados ao controle de versão
!dvc add data/raw_data.csv

# Registrando mudanças no repositório
!git add data/raw_data.csv.dvc .gitignore
!git commit -m "Add raw data to version control"
```

5. Integração Contínua/Entrega Contínua (CI/CD)

A implementação de CI/CD para pipelines de dados garante que mudanças sejam testadas e implantadas automaticamente em diferentes ambientes, como desenvolvimento, homologação e produção.

yaml

```
# Pipeline CI/CD com GitHub Actions
name: DataOps Pipeline

on:
  push:
    branches:
      - main

jobs:
  build-test-deploy:
    runs-on: ubuntu-latest

    steps:
    - name: Checkout code
      uses: actions/checkout@v2
```

```
- name: Set up Python
  uses: actions/setup-python@v2
  with:
    python-version: 3.9

- name: Install dependencies
  run: pip install -r requirements.txt

- name: Run data quality checks
  run: python validate_data.py

- name: Deploy pipeline
  run: python deploy_pipeline.py
```

6. Cultura Colaborativa

Uma das bases do DataOps é promover a colaboração entre equipes. Isso pode ser alcançado por meio de ferramentas compartilhadas, reuniões regulares e documentação detalhada.

Implementando DataOps na Prática

Passo 1: Avaliação do Estado Atual

Antes de implementar DataOps, avalie o estado atual dos pipelines de dados. Identifique gargalos, processos manuais e áreas onde a automação pode ser aplicada.

Passo 2: Escolha das Ferramentas

Selecione ferramentas que atendam às necessidades específicas do pipeline. Por exemplo:

- **Orquestração:** Apache Airflow, Prefect, Dagster.

- **Monitoramento:** Prometheus, Grafana.

- **Qualidade de Dados:** Great Expectations, dbt.

- **Versionamento:** DVC, Git.

Passo 3: Automação Inicial

Automatize tarefas manuais usando scripts ou ferramentas de ETL. Certifique-se de incluir validações de qualidade e monitoramento em cada etapa.

Passo 4: Iteração Contínua

Implemente mudanças de forma incremental e teste cada alteração antes de implantá-la no ambiente de produção.

Passo 5: Monitoramento Contínuo

Configure alertas para identificar rapidamente falhas no pipeline e tome medidas corretivas.

Desafios e Soluções no DataOps

Resistência à Mudança

Adotar DataOps requer mudanças culturais e técnicas. Invista em treinamento e promova a colaboração entre equipes.

Integração de Sistemas Legados

Sistemas legados podem dificultar a automação. Use conectores e ferramentas de integração para superar esse desafio.

Escalabilidade

Conforme os dados aumentam, os pipelines devem ser ajustados para lidar com volumes maiores. Arquiteturas baseadas em nuvem oferecem escalabilidade elástica.

DataOps é uma metodologia poderosa que combina automação, colaboração e práticas ágeis para transformar o gerenciamento de dados. Ao implementar DataOps, as organizações podem aumentar a eficiência, melhorar a qualidade dos dados e acelerar o tempo de entrega de insights. Engenheiros de dados que adotam essas práticas estão na vanguarda da inovação, criando pipelines robustos que atendem às demandas crescentes de um mundo orientado por dados.

CAPÍTULO 21. TRABALHANDO COM DATA LAKES

Data lakes são repositórios centralizados que armazenam dados brutos em seu formato original, sejam eles estruturados, semiestruturados ou não estruturados. Projetados para lidar com grandes volumes de dados provenientes de diversas fontes, os data lakes oferecem flexibilidade e escalabilidade para atender às necessidades de análise moderna, aprendizado de máquina e aplicações orientadas por dados. Exploraremos estratégias práticas para organizar, gerenciar e acessar dados não estruturados em data lakes.

O Que É um Data Lake?

Um data lake é uma solução de armazenamento que permite salvar e organizar dados de qualquer tipo e volume, sem a necessidade de transformá-los previamente. Diferentemente de data warehouses, que exigem esquemas rígidos e estruturas predefinidas, data lakes são projetados para armazenar dados em estado bruto, possibilitando que as transformações e análises sejam realizadas conforme necessário.

Os principais atributos de um data lake são:

1. **Esquema na Leitura (Schema-on-Read):** A estrutura dos dados é definida no momento em que eles são acessados, não quando são armazenados.
2. **Alta Escalabilidade:** Projetados para crescer à medida que os volumes de dados aumentam.
3. **Flexibilidade:** Capacidade de armazenar diversos formatos, como JSON, XML, CSV, imagens, vídeos e

logs.

4. **Custos Reduzidos:** Utilizam sistemas de armazenamento baratos, como Amazon S3 e Google Cloud Storage.

Diferenças Entre Data Lakes e Data Warehouses

Característica	Data Lake	Data Warehouse
Formato de Dados	Estruturado, semiestruturado, bruto	Estruturado
Processamento	Esquema na leitura	Esquema na gravação
Custo	Menor custo por GB	Maior custo por GB
Finalidade	Exploração, aprendizado de máquina	Relatórios, análises estruturadas
Performance	Alta para volume bruto	Alta para consultas estruturadas

Componentes de um Data Lake

1. **Camada de Ingestão:** Captura dados de fontes como APIs, sistemas legados, sensores IoT e bancos de dados.
2. **Camada de Armazenamento:** Salva os dados no formato bruto em sistemas escaláveis, como Amazon S3, Google Cloud Storage ou Azure Data Lake.
3. **Camada de Processamento:** Transforma e organiza os dados para torná-los úteis para análise.
4. **Camada de Segurança e Governança:** Controla o acesso, define políticas de retenção e monitora a conformidade com regulamentações.
5. **Camada de Consumo:** Fornece acesso aos dados para análises, aprendizado de máquina e relatórios.

Implementação de Data Lakes

Configurando a Camada de Armazenamento

O armazenamento é a base de um data lake. Serviços como Amazon S3, Google Cloud Storage e Azure Blob Storage são amplamente utilizados devido à sua escalabilidade e custo-benefício.

python

```python
import boto3

# Configurando o cliente S3
s3_client = boto3.client('s3', region_name='us-east-1')

# Criando um bucket para o data lake
s3_client.create_bucket(Bucket='my-data-lake')

# Carregando arquivos para o data lake
s3_client.upload_file('local_data.json', 'my-data-lake', 'raw_data/local_data.json')
```

Neste exemplo, dados brutos são carregados em um bucket S3, formando a base de um data lake.

Organização de Dados no Data Lake

A organização é essencial para facilitar o acesso e a análise. Uma estratégia comum é estruturar o armazenamento com base em níveis de granularidade:

1. **Raw Layer (Camada Bruta):** Dados no formato original, sem alterações.
2. **Cleaned Layer (Camada Limpa):** Dados processados para remover inconsistências e duplicatas.
3. **Curated Layer (Camada Curada):** Dados organizados e otimizados para consumo analítico.

bash

```
s3://my-data-lake/raw_data/
s3://my-data-lake/cleaned_data/
s3://my-data-lake/curated_data/
```

Ingestão de Dados

A ingestão pode ser realizada em lotes ou em tempo real, dependendo da natureza e da frequência dos dados. Ferramentas como AWS Glue, Google Dataflow e Apache Kafka são frequentemente usadas.

Ingestão com AWS Glue

python

```python
import boto3

glue_client = boto3.client('glue', region_name='us-east-1')

# Executando uma tarefa de ETL no Glue
response = glue_client.start_job_run(JobName='my_etl_job')
print(response)
```

Processamento de Dados

O processamento é fundamental para transformar dados brutos em insights acionáveis. Ferramentas como Apache Spark, Databricks e Google Dataflow permitem a manipulação de grandes volumes de dados de forma eficiente.

Processamento com Apache Spark

python

```python
from pyspark.sql import SparkSession

spark = SparkSession.builder.appName("DataLakeProcessing").getOrCreate()
```

```python
# Carregando dados do S3
raw_data = spark.read.json("s3://my-data-lake/raw_data/
local_data.json")

# Limpando e transformando os dados
cleaned_data = raw_data.filter(raw_data['value'].isNotNull())

# Salvando os dados transformados no data lake
cleaned_data.write.parquet("s3://my-data-lake/cleaned_data/
transformed_data.parquet")
```

Governança de Dados

A governança é essencial para garantir conformidade e segurança. Ela inclui controle de acesso, auditorias e gerenciamento de políticas.

python

```python
import boto3

# Configurando políticas de acesso
iam_client = boto3.client('iam', region_name='us-east-1')

policy = {
    "Version": "2012-10-17",
    "Statement": [
        {
            "Effect": "Allow",
            "Action": "s3:GetObject",
            "Resource": "arn:aws:s3:::my-data-lake/cleaned_data/*"
        }
    ]
}

iam_client.create_policy(PolicyName='DataLakeReadOnly',
PolicyDocument=json.dumps(policy))
```

Consumo de Dados no Data Lake

Consultas Diretas

Ferramentas como Amazon Athena e Google BigQuery permitem consultas SQL diretamente no data lake.

sql

```sql
SELECT product_name, SUM(sales) AS total_sales
FROM "my-data-lake"."cleaned_data"
WHERE sale_date > '2024-01-01'
GROUP BY product_name
ORDER BY total_sales DESC;
```

Integração com Ferramentas de BI

Conecte ferramentas de BI como Tableau e Power BI ao data lake para criar dashboards interativos e relatórios.

Uso em Machine Learning

Data lakes são ideais para alimentar modelos de aprendizado de máquina devido à sua flexibilidade e capacidade de armazenar grandes volumes de dados.

python

```python
from sklearn.model_selection import train_test_split
from sklearn.ensemble import RandomForestRegressor

# Carregando dados limpos
data = spark.read.parquet("s3://my-data-lake/cleaned_data/
transformed_data.parquet").toPandas()

# Treinando um modelo
X = data.drop('target', axis=1)
y = data['target']
X_train, X_test, y_train, y_test = train_test_split(X, y,
```

```
test_size=0.2, random_state=42)

model = RandomForestRegressor()
model.fit(X_train, y_train)
```

Desafios e Soluções no Gerenciamento de Data Lakes

Dados Redundantes

A redundância pode aumentar os custos e dificultar a análise. Soluções incluem deduplicação automática e monitoramento de qualidade.

Performance

Consultas em data lakes podem ser lentas devido ao volume de dados. Particionamento e uso de formatos otimizados, como Parquet, ajudam a melhorar o desempenho.

Segurança

Proteger dados sensíveis é crucial. Use criptografia em trânsito e em repouso, controle de acesso e monitoramento de atividades.

Data lakes oferecem uma solução poderosa e flexível para armazenar, organizar e analisar grandes volumes de dados não estruturados. Com práticas robustas de ingestão, processamento, governança e consumo, engenheiros de dados podem aproveitar todo o potencial desses repositórios. A adoção de estratégias bem planejadas para trabalhar com data lakes garante que as organizações estejam preparadas para atender às demandas crescentes de um mundo orientado por dados.

CAPÍTULO 22. DESEMPENHO E ESCALABILIDADE DE CONSULTAS SQL

A otimização e o ajuste de desempenho de consultas SQL são elementos essenciais no gerenciamento eficiente de bancos de dados. À medida que os volumes de dados aumentam, consultas mal projetadas podem levar a problemas de desempenho significativos, como maior tempo de resposta, utilização excessiva de recursos e gargalos no sistema. Este capítulo explora estratégias e técnicas práticas para melhorar o desempenho e a escalabilidade de consultas SQL, garantindo que os sistemas de banco de dados possam lidar com demandas crescentes.

Importância da Otimização de Consultas SQL

Consultas SQL otimizadas garantem que os recursos de hardware e software sejam usados de maneira eficiente, reduzindo custos operacionais e melhorando a experiência do usuário. Um banco de dados bem ajustado pode processar milhões de transações simultaneamente sem comprometer a integridade dos dados ou o tempo de resposta.

Benefícios de Consultas Otimizadas

1. **Redução de Custos:** Minimiza o uso de CPU, memória e I/O.
2. **Melhora no Tempo de Resposta:** Consultas mais rápidas resultam em processos mais eficientes.
3. **Escalabilidade:** Sistemas otimizados podem lidar

melhor com o crescimento dos dados.

4. **Manutenção Simplificada:** Consultas bem projetadas são mais fáceis de entender, depurar e ajustar.

Principais Técnicas de Otimização de Consultas

1. Seleção de Índices

Índices são estruturas de dados que aceleram a recuperação de informações em tabelas. Eles são particularmente úteis em colunas frequentemente usadas em cláusulas WHERE, JOIN ou ORDER BY.

sql

```
-- Criando um índice em uma coluna frequentemente
consultada
CREATE INDEX idx_customer_last_name ON customers
(last_name);
```

Índices compostos podem melhorar o desempenho em consultas que usam várias colunas.

sql

```
-- Criando um índice composto
CREATE INDEX idx_customer_city_state ON customers (city,
state);
```

Considerações ao Usar Índices

- Índices aceleram consultas de leitura, mas podem desacelerar operações de escrita (INSERT, UPDATE, DELETE).

- Evite criar índices em colunas com alta cardinalidade de valores únicos, como ID.

- Use índices cobrindo (covering indexes) para atender todas as colunas usadas em uma consulta.

2. Evite SELECT *

Consultas que usam SELECT * retornam todas as colunas, mesmo que nem todas sejam necessárias, o que pode aumentar desnecessariamente o uso de recursos.

sql

```
-- Substituir isso:
SELECT * FROM orders;

-- Por isso:
SELECT order_id, order_date, customer_id FROM orders;
```

3. Utilize Cláusulas Apropriadamente

- Use WHERE para filtrar os dados e reduzir o volume processado.
- Adicione limites com LIMIT ou TOP quando apenas um subconjunto dos dados for necessário.

sql

```
-- Filtrando e limitando o número de resultados
SELECT order_id, total_amount
FROM orders
WHERE order_date > '2024-01-01'
LIMIT 100;
```

4. Normalize e Desnormalize com Critério

A normalização elimina redundâncias e melhora a consistência dos dados, enquanto a desnormalização pode melhorar o desempenho em sistemas de leitura intensiva.

- Use a normalização para evitar inconsistências em

sistemas de escrita intensiva.

- Desnormalize para reduzir a necessidade de JOINs complexos em consultas de leitura.

5. Evite Funções em Colunas de Filtro

Funções aplicadas em colunas podem impedir o uso de índices.

sql

```
-- Evitar isso:
SELECT * FROM orders WHERE YEAR(order_date) = 2024;
```

```
-- Substituir por isso:
SELECT * FROM orders WHERE order_date >= '2024-01-01' AND
order_date < '2025-01-01';
```

6. Otimize JOINs

JOINs podem ser um dos principais motivos de consultas lentas. Planeje cuidadosamente o uso de INNER JOIN, LEFT JOIN e outros.

- Reduza o número de tabelas envolvidas no JOIN.

- Utilize índices em colunas relacionadas.

- Reorganize a ordem dos JOINs para melhorar a eficiência.

sql

```
-- Otimização básica com índices
SELECT o.order_id, c.customer_name
FROM orders o
INNER JOIN customers c ON o.customer_id = c.customer_id;
```

7. Analise o Plano de Execução

Ferramentas como EXPLAIN ou EXPLAIN ANALYZE ajudam a identificar gargalos no plano de execução de consultas.

sql

```
-- Analisando o plano de execução de uma consulta
EXPLAIN SELECT * FROM orders WHERE order_date >
'2024-01-01';
```

O resultado mostra como o banco de dados processará a consulta, indicando o uso de índices, varreduras completas de tabelas (table scans) e outras operações.

8. Particionamento de Tabelas

Particionar grandes tabelas melhora o desempenho dividindo os dados em partes menores baseadas em valores de colunas.

sql

```
-- Criando uma tabela particionada
CREATE TABLE sales (
    sale_id INT,
    sale_date DATE,
    amount DECIMAL
) PARTITION BY RANGE (sale_date) (
    PARTITION p2024 VALUES LESS THAN ('2024-01-01'),
    PARTITION p2025 VALUES LESS THAN ('2025-01-01')
);
```

Consultas em tabelas particionadas acessam apenas as partições relevantes, reduzindo o volume de dados processados.

9. Use Caches Quando Possível

Cachear resultados de consultas frequentemente acessadas reduz a carga no banco de dados.

sql

```sql
-- Configurando um materialized view para consultas pesadas
CREATE MATERIALIZED VIEW monthly_sales AS
SELECT MONTH(order_date) AS month, SUM(total_amount) AS
total_sales
FROM orders
GROUP BY MONTH(order_date);
```

Monitoramento de Desempenho

Métricas Importantes

- **Tempo de Execução:** O tempo total necessário para completar a consulta.

- **Número de Linhas Processadas:** Indicador do volume de dados processado.

- **Uso de Índices:** Verifique se os índices estão sendo utilizados conforme esperado.

- **Taxa de I/O:** Altos níveis de I/O podem indicar problemas com leitura ou escrita.

Ferramentas de Monitoramento

- **MySQL:** Use SHOW PROCESSLIST para identificar consultas lentas.

- **PostgreSQL:** O pg_stat_statements fornece informações detalhadas sobre consultas.

- **SQL Server:** Utilize o SQL Server Management Studio para monitorar e ajustar consultas.

Escalabilidade de Consultas SQL

1. Sharding

Divida grandes conjuntos de dados em múltiplos bancos de dados para distribuir a carga.

2. Réplicas de Leitura

Configure réplicas de leitura para balancear a carga entre servidores.

sql

```
-- Configurando uma réplica de leitura no MySQL
CHANGE MASTER TO
MASTER_HOST='master_host',
MASTER_USER='replica_user',
MASTER_PASSWORD='replica_password';
START SLAVE;
```

3. Balanceadores de Carga

Use balanceadores de carga para distribuir consultas entre servidores.

Boas Práticas

1. **Audite Consultas Regularmente:** Identifique e otimize consultas problemáticas periodicamente.
2. **Documente Alterações:** Mantenha registros detalhados de ajustes e suas justificativas.
3. **Teste Antes de Implementar:** Valide todas as otimizações em um ambiente de teste antes de aplicá-las em produção.
4. **Eduque a Equipe:** Garanta que todos os desenvolvedores sigam padrões de consulta eficientes.

Otimizar o desempenho e a escalabilidade de consultas SQL é essencial para garantir que sistemas de banco de dados atendam às demandas crescentes de negócios orientados por dados. Aplicar as técnicas e estratégias descritas neste capítulo melhora significativamente o tempo de resposta e a eficiência dos sistemas, ao mesmo tempo que reduz custos e aumenta a capacidade de lidar com volumes de dados em constante crescimento. Engenheiros de dados que dominam essas práticas estão melhor preparados para projetar e gerenciar soluções robustas e eficientes em qualquer ambiente.

CAPÍTULO 23. VISUALIZAÇÃO DE DADOS PARA ENGENHARIA

A visualização de dados é uma parte essencial do trabalho de engenheiros de dados. Transformar informações complexas em gráficos claros e objetivos não apenas facilita a compreensão, mas também aprimora a comunicação entre equipes técnicas e não técnicas. Este capítulo explora ferramentas e melhores práticas para exibir resultados de maneira eficaz, ajudando engenheiros a contar histórias impactantes por meio dos dados.

Importância da Visualização de Dados

Visualizar dados não é apenas uma questão estética; é uma habilidade técnica que permite extrair insights, identificar padrões e tomar decisões informadas. Gráficos e dashboards bem projetados ajudam a simplificar conjuntos de dados complexos, tornando-os acessíveis para todos os stakeholders.

Benefícios da Visualização

1. **Compreensão Rápida:** Permite interpretar grandes volumes de dados rapidamente.
2. **Identificação de Padrões:** Facilita a descoberta de tendências e anomalias.
3. **Tomada de Decisões:** Oferece suporte visual para justificar escolhas estratégicas.
4. **Engajamento:** Gráficos bem elaborados são mais atraentes e envolventes.

Princípios de Visualização de Dados

Clareza

Os gráficos devem ser claros, diretos e evitar sobrecarga de informações. Use elementos visuais que representem os dados com precisão e evite distorções.

python

```
# Exemplo de gráfico claro usando Matplotlib
import matplotlib.pyplot as plt

categories = ['A', 'B', 'C']
values = [25, 40, 35]

plt.bar(categories, values)
plt.title('Distribuição de Categorias')
plt.xlabel('Categorias')
plt.ylabel('Valores')
plt.show()
```

Consistência

Use cores, fontes e estilos consistentes em todos os gráficos para criar uma experiência visual harmoniosa.

Contexto

Forneça rótulos, legendas e títulos descritivos para que os espectadores compreendam rapidamente o significado do gráfico.

Escolha Adequada de Gráficos

- **Gráficos de Barras:** Comparações entre categorias.

- **Gráficos de Linha:** Tendências ao longo do tempo.

- **Gráficos de Dispersão:** Relações entre duas variáveis.

- **Mapas de Calor:** Representações densas de dados, como correlações.

python

```
# Exemplo de mapa de calor usando Seaborn
import seaborn as sns
import numpy as np

data = np.random.rand(5, 5)
sns.heatmap(data, annot=True, cmap='coolwarm')
plt.title('Mapa de Calor')
plt.show()
```

Ferramentas para Visualização de Dados

Matplotlib

Uma biblioteca popular para criar gráficos estáticos em Python. Embora poderosa, pode exigir mais configuração para gráficos personalizados.

python

```
import matplotlib.pyplot as plt

x = [1, 2, 3, 4, 5]
y = [10, 20, 25, 30, 35]

plt.plot(x, y, marker='o')
plt.title('Gráfico de Linha Simples')
plt.xlabel('Eixo X')
plt.ylabel('Eixo Y')
plt.grid()
plt.show()
```

Seaborn

Baseada no Matplotlib, facilita a criação de gráficos estatísticos mais elaborados.

python

```
import seaborn as sns
import pandas as pd

data = pd.DataFrame({
    'idade': [22, 25, 29, 30, 35, 40],
    'salário': [2000, 3000, 4000, 5000, 7000, 8000]
})

sns.scatterplot(data=data, x='idade', y='salário', hue='salário',
size='salário')
plt.title('Relação entre Idade e Salário')
plt.show()
```

Plotly

Oferece gráficos interativos, ideais para apresentações e dashboards.

python

```
import plotly.express as px

data = {
    'Categoria': ['A', 'B', 'C'],
    'Valor': [10, 15, 20]
}

fig = px.pie(data, names='Categoria', values='Valor',
title='Gráfico de Pizza Interativo')
fig.show()
```

Tableau

Uma ferramenta profissional para criar dashboards interativos e compartilhar insights de maneira intuitiva.

Power BI

Outra opção popular para visualização e análise empresarial. Permite criar relatórios interativos conectados a bancos de dados.

D3.js

Uma biblioteca baseada em JavaScript para visualizações altamente personalizadas e interativas.

Boas Práticas na Visualização de Dados

Conheça o Público

Entenda quem consumirá as visualizações. Profissionais técnicos podem preferir gráficos detalhados, enquanto executivos valorizam visualizações resumidas e de alto nível.

Escolha o Tipo de Gráfico Certo

- Use **gráficos de barras** para comparações diretas.

- Prefira **gráficos de linha** para dados temporais.

- Opte por **diagramas de dispersão** para relações entre variáveis.

Use Cores de Forma Inteligente

- Escolha paletas acessíveis para todos, incluindo pessoas com daltonismo.

- Use cores para destacar pontos importantes, mas evite excesso de saturação.

python

```
# Exemplo de gráfico com cores destacadas
import matplotlib.pyplot as plt
```

```
labels = ['Concluído', 'Em Progresso', 'Atrasado']
sizes = [50, 30, 20]
colors = ['#4CAF50', '#FFC107', '#F44336']

plt.pie(sizes, labels=labels, colors=colors, autopct='%1.1f%%',
startangle=140)
plt.title('Status de Projetos')
plt.axis('equal')
plt.show()
```

Simplifique a Visualização

Elimine elementos desnecessários, como grades excessivas ou rótulos redundantes.

Forneça Dados Adicionais

Se apropriado, inclua informações contextuais ou links para dados detalhados.

Dashboards Interativos

Dashboards são ferramentas poderosas para monitorar métricas em tempo real e apresentar análises integradas. Ferramentas como Tableau, Power BI e Dash permitem criar dashboards que se conectam a diversas fontes de dados.

Criando um Dashboard com Dash

Dash é uma biblioteca baseada em Python que permite criar dashboards interativos.

python

```
import dash
from dash import dcc, html
from dash.dependencies import Input, Output
import plotly.express as px
import pandas as pd
```

```python
# Dados de exemplo
data = pd.DataFrame({
    'Mês': ['Jan', 'Fev', 'Mar', 'Abr'],
    'Vendas': [100, 200, 300, 400]
})

# Aplicação Dash
app = dash.Dash(__name__)

app.layout = html.Div([
    html.H1("Dashboard de Vendas"),
    dcc.Graph(id='grafico-vendas'),
    dcc.Dropdown(
        id='dropdown-mes',
        options=[{'label': mes, 'value': mes} for mes in data['Mês']],
        value='Jan'
    )
])

@app.callback(
    Output('grafico-vendas', 'figure'),
    [Input('dropdown-mes', 'value')]
)
def atualizar_grafico(mes_selecionado):
    df_filtrado = data[data['Mês'] == mes_selecionado]
    fig = px.bar(df_filtrado, x='Mês', y='Vendas', title=f'Vendas em {mes_selecionado}')
    return fig

if __name__ == '__main__':
    app.run_server(debug=True)
```

Integração de Visualizações com Engenharia de Dados

Visualizações não são apenas o resultado final de um pipeline de dados; elas também podem orientar decisões em tempo real e auxiliar no ajuste de processos. Integre ferramentas de visualização diretamente em pipelines de dados para relatórios contínuos e monitoramento automatizado.

Desafios e Soluções na Visualização de Dados

Dados Ruins

Dados incompletos ou inconsistentes podem distorcer as visualizações. Resolva isso implementando validações no pipeline.

Sobrecarga Visual

Muitos gráficos ou elementos complexos podem confundir os usuários. Simplifique e foque nas informações essenciais.

Integração de Fontes Diversas

Consolidar dados de diferentes fontes pode ser desafiador. Use ETL para garantir que os dados estejam limpos e prontos para visualização.

A visualização de dados é um componente indispensável da engenharia de dados, permitindo que informações complexas sejam comunicadas de maneira clara e eficaz. Com ferramentas modernas e práticas bem definidas, engenheiros de dados podem transformar números em narrativas poderosas, equipando organizações com insights que impulsionam decisões estratégicas. O entendimento técnico da visualização de dados eleva o impacto do trabalho de engenharia de dados, conectando análises técnicas a resultados tangíveis e acessíveis.

CAPÍTULO 24. DESAFIOS E TENDÊNCIAS NA ENGENHARIA DE DADOS

A engenharia de dados está em constante evolução, adaptando-se às demandas de um mundo cada vez mais orientado por dados. Novas tecnologias, volumes crescentes de informações e expectativas elevadas de eficiência e precisão transformam constantemente as práticas e os papéis dos engenheiros de dados. Este capítulo aborda os desafios que a engenharia de dados enfrenta atualmente, bem como as tendências que moldarão o futuro da área, destacando as habilidades e ferramentas necessárias para se manter competitivo e relevante.

Desafios Atuais na Engenharia de Dados

1. Crescimento Exponencial de Dados

O volume de dados gerados globalmente cresce de forma exponencial, impulsionado por fontes como dispositivos IoT, redes sociais, transações financeiras e aplicações em tempo real. Esse crescimento traz desafios significativos para armazenamento, processamento e análise.

Solução

Armazenamento em nuvem escalável, como Amazon S3, Google Cloud Storage e Azure Blob Storage, oferece recursos flexíveis para lidar com volumes massivos de dados. Tecnologias como Apache Kafka permitem ingestão eficiente em tempo real.

python

```python
# Configurando a ingestão de dados com Kafka
from kafka import KafkaProducer

producer = KafkaProducer(bootstrap_servers='localhost:9092')

data = b'{"sensor_id": 101, "temperature": 22.5}'
producer.send('iot_topic', data)
producer.close()
```

2. Integração de Dados de Fontes Diversas

A heterogeneidade dos formatos de dados é outro desafio. Dados estruturados, semiestruturados e não estruturados devem ser integrados para oferecer uma visão unificada.

Solução

Ferramentas de ETL como Apache Nifi e AWS Glue automatizam a transformação e integração de dados, garantindo consistência e qualidade.

python

```python
# Usando o AWS Glue para integrar dados
import boto3

glue_client = boto3.client('glue', region_name='us-east-1')
response = glue_client.start_job_run(JobName='etl_job')
print(response)
```

3. Garantia de Qualidade de Dados

Dados incompletos, inconsistentes ou incorretos prejudicam análises e decisões. Garantir a qualidade dos dados em todo o pipeline é fundamental.

Solução

Plataformas como Great Expectations permitem implementar verificações automáticas de qualidade.

python

```python
from great_expectations.core.batch import BatchRequest
from great_expectations.data_context import DataContext

context = DataContext()

batch_request = BatchRequest(
    datasource_name="my_datasource",
    data_connector_name="default_inferred_data_connector_name",
    data_asset_name="my_data.csv"
)

results = context.run_checkpoint(
    checkpoint_name="my_checkpoint",
    batch_request=batch_request
)
print(results)
```

4. Escalabilidade de Pipelines

Sistemas distribuídos e pipelines escaláveis são essenciais para atender às crescentes demandas por desempenho e confiabilidade.

Solução

Ferramentas como Apache Spark e Kubernetes são amplamente usadas para criar pipelines escaláveis.

python

```python
from pyspark.sql import SparkSession

spark = SparkSession.builder.appName("ScalablePipeline").getOrCreate()
data = spark.read.csv("large_dataset.csv", header=True,
```

```
inferSchema=True)
processed_data = data.filter(data['value'] > 100)
processed_data.write.parquet("output.parquet")
```

5. Segurança e Conformidade

Com regulamentações como GDPR e LGPD, proteger dados sensíveis e garantir conformidade legal são prioridades críticas.

Solução

Implementação de criptografia, controle de acesso e auditorias regulares em pipelines.

python

```
from cryptography.fernet import Fernet

key = Fernet.generate_key()
cipher_suite = Fernet(key)

data = b"Sensitive data"
encrypted_data = cipher_suite.encrypt(data)
print(encrypted_data)
```

Tendências Emergentes na Engenharia de Dados

1. DataOps

DataOps aplica práticas de DevOps à engenharia de dados, promovendo automação, colaboração e monitoramento contínuo para pipelines.

Benefícios

- Redução de erros manuais.
- Aumento da eficiência operacional.

Ferramentas

Airflow, Prefect, e dbt são fundamentais para implementar DataOps.

python

```python
# Exemplo de DAG no Airflow
from airflow import DAG
from airflow.operators.python_operator import PythonOperator
from datetime import datetime

def extract_data():
    print("Extraindo dados...")

with DAG('dataops_dag', start_date=datetime(2024, 1, 1),
schedule_interval='@daily') as dag:
    task = PythonOperator(task_id='extract',
python_callable=extract_data)
```

2. Data Mesh

Data Mesh descentraliza a arquitetura de dados, atribuindo responsabilidades de domínio às equipes que geram os dados.

Benefícios

- Redução de gargalos em equipes centrais.
- Escalabilidade organizacional.

3. Machine Learning em Pipelines de Dados

A integração de aprendizado de máquina nos pipelines possibilita automação avançada e insights em tempo real.

Ferramentas

MLflow e TFX (TensorFlow Extended) são amplamente usados para orquestrar pipelines de aprendizado de máquina.

python

```python
import mlflow
from sklearn.ensemble import RandomForestClassifier
```

```
mlflow.start_run()
model = RandomForestClassifier()
model.fit(X_train, y_train)
mlflow.sklearn.log_model(model, "random_forest_model")
mlflow.log_metric("accuracy", model.score(X_test, y_test))
mlflow.end_run()
```

4. Armazenamento de Dados em Tempo Real

Data lakes e data warehouses estão evoluindo para suportar análises em tempo real com tecnologias como Apache Hudi e Delta Lake.

Benefícios

- Processamento de dados em tempo real para decisões rápidas.

python

```
from delta.tables import DeltaTable
from pyspark.sql import SparkSession

spark =
SparkSession.builder.appName("DeltaLake").getOrCreate()
delta_table = DeltaTable.forPath(spark, "/delta-table-path")
delta_table.update("value < 100", {"value": "value * 2"})
```

5. Uso de IA para Qualidade e Governança de Dados

IA está sendo usada para detectar anomalias, preencher lacunas de dados e recomendar estruturas otimizadas.

Habilidades Necessárias para o Futuro da Engenharia de Dados

1. **Domínio de Ferramentas Cloud:** Experiência com AWS, Azure e Google Cloud.
2. **Conhecimento em DevOps e DataOps:** Familiaridade com CI/CD, automação e orquestração.

3. **Análise e Aprendizado de Máquina:** Capacidade de integrar algoritmos nos pipelines.
4. **Habilidades de Comunicação:** Traduzir insights técnicos em mensagens claras para stakeholders.

A engenharia de dados está passando por uma transformação rápida, impulsionada por volumes crescentes de dados, novas tecnologias e expectativas elevadas. Adotar as tendências e enfrentar os desafios descritos neste capítulo permitirá que engenheiros de dados permaneçam relevantes em um campo dinâmico e em constante evolução. Investir em habilidades, ferramentas e metodologias emergentes será essencial para liderar projetos de dados que transformam organizações e criam impacto duradouro.

CAPÍTULO 25. ESTUDO DE CASO COMPLETO

O desenvolvimento de um pipeline de dados completo é uma demonstração prática das habilidades e conhecimentos abordados ao longo deste manual. Este capítulo apresenta um estudo de caso detalhado, cobrindo todas as etapas necessárias para construir um pipeline funcional, desde a ingestão de dados até a entrega de insights acionáveis. O pipeline será desenvolvido em um ambiente moderno, utilizando ferramentas amplamente adotadas na indústria, como Python, Apache Airflow, AWS S3 e ferramentas de visualização.

Cenário do Estudo de Caso

Uma empresa de e-commerce deseja criar um pipeline de dados para analisar o comportamento dos clientes. O objetivo é coletar dados de compras realizadas no site, processá-los para gerar relatórios sobre tendências de vendas, e identificar padrões de comportamento dos clientes.

Requisitos do Pipeline

1. **Ingestão de Dados:** Os dados de compras serão extraídos de uma API REST e salvos em um data lake no Amazon S3.
2. **Processamento:** Os dados serão limpos, transformados e agregados para análises.
3. **Armazenamento:** Os dados transformados serão armazenados em um banco de dados Redshift para consultas rápidas.

4. **Análise e Visualização:** Os resultados serão exibidos em dashboards interativos para facilitar a tomada de decisões.

Etapa 1: Configuração do Ambiente

Antes de iniciar o desenvolvimento, é necessário configurar o ambiente e as ferramentas que serão utilizadas.

Ferramentas Necessárias

- **Python:** Para implementar scripts e automações.

- **Apache Airflow:** Para orquestrar o pipeline.

- **Amazon S3:** Para armazenamento de dados brutos.

- **Amazon Redshift:** Para armazenar e consultar dados transformados.

- **Tableau:** Para criar dashboards interativos.

Instalação do Ambiente
bash

```
# Instalando pacotes necessários
pip install boto3 pandas apache-airflow psycopg2
```

Etapa 2: Ingestão de Dados

Os dados de compras são fornecidos por uma API REST. A ingestão consiste em coletar esses dados e salvá-los no Amazon S3.

python

```
import requests
```

```python
import boto3

def ingest_data_to_s3():
    # Coletando dados da API
    response = requests.get("https://api.ecommerce.com/purchases")
    data = response.json()

    # Salvando dados em um arquivo JSON
    with open("purchases.json", "w") as file:
        json.dump(data, file)

    # Enviando o arquivo para o S3
    s3_client = boto3.client('s3', region_name='us-east-1')
    s3_client.upload_file("purchases.json", "ecommerce-data-lake", "raw/purchases.json")

ingest_data_to_s3()
```

Etapa 3: Processamento de Dados

Nesta etapa, os dados brutos são processados para corrigir inconsistências, remover duplicatas e agregar informações.

python

```python
import pandas as pd

def process_data():
    # Carregando os dados brutos
    data = pd.read_json("purchases.json")

    # Removendo duplicatas
    data = data.drop_duplicates()

    # Limpando dados inconsistentes
    data = data[data['amount'] > 0]
```

```python
# Criando colunas agregadas
data['total'] = data['amount'] * data['quantity']

# Salvando dados transformados
data.to_csv("transformed_purchases.csv", index=False)

process_data()
```

Etapa 4: Carregamento no Redshift

Os dados transformados serão carregados no Amazon Redshift para facilitar consultas e análises.

python

```python
import psycopg2

def load_to_redshift():
    # Configurando a conexão com o Redshift
    conn = psycopg2.connect(
        dbname="ecommerce",
        user="admin",
        password="password",
        host="redshift-cluster.amazonaws.com",
        port="5439"
    )
    cursor = conn.cursor()

    # Criando a tabela no Redshift
    cursor.execute("""
        CREATE TABLE IF NOT EXISTS purchases (
            id INT,
            product_name VARCHAR(255),
            amount FLOAT,
            quantity INT,
            total FLOAT
```

```
    )
"""")
```

```
# Carregando dados para o Redshift
with open("transformed_purchases.csv", "r") as file:
    cursor.copy_expert("COPY purchases FROM STDIN WITH
CSV HEADER", file)
```

```
conn.commit()
conn.close()
```

```
load_to_redshift()
```

Etapa 5: Orquestração com Apache Airflow

O Airflow será usado para automatizar todas as etapas do pipeline.

python

```python
from airflow import DAG
from airflow.operators.python_operator import
PythonOperator
from datetime import datetime

def ingest_data():
    # Função de ingestão
    ingest_data_to_s3()

def process_data_task():
    # Função de processamento
    process_data()

def load_data_task():
    # Função de carregamento
    load_to_redshift()

# Definindo o DAG
```

```
with DAG(
    dag_id="ecommerce_pipeline",
    start_date=datetime(2024, 1, 1),
    schedule_interval="0 6 * * *",
) as dag:
    ingest_task = PythonOperator(task_id="ingest_data",
python_callable=ingest_data)
    process_task = PythonOperator(task_id="process_data",
python_callable=process_data_task)
    load_task = PythonOperator(task_id="load_data",
python_callable=load_data_task)

    ingest_task >> process_task >> load_task
```

Etapa 6: Visualização de Dados

Os dados carregados no Redshift serão usados para criar dashboards interativos no Tableau, mostrando métricas como:

1. **Vendas Totais por Mês**
2. **Produtos Mais Vendidos**
3. **Faturamento por Região**

Monitoramento e Manutenção

Para garantir a confiabilidade do pipeline, implemente monitoramento contínuo e alertas para falhas.

Monitoramento com Amazon CloudWatch

Configure logs para rastrear o desempenho e erros no pipeline.

Desafios e Soluções

Latência na Ingestão de Dados

- **Solução:** Use ingestão em tempo real com Apache Kafka.

Qualidade de Dados

- **Solução:** Adicione validações no pipeline usando Great Expectations.

Escalabilidade

- **Solução:** Migre para uma arquitetura baseada em serviços gerenciados, como AWS Glue e Redshift Spectrum.

O desenvolvimento de um pipeline completo demonstra a importância de uma abordagem estruturada e o uso de ferramentas modernas para resolver problemas reais de negócios. Este estudo de caso oferece uma visão prática de como os engenheiros de dados podem transformar dados brutos em insights valiosos, capacitando organizações a tomarem decisões informadas. Ao dominar essas etapas e ferramentas, você estará preparado para enfrentar os desafios mais complexos da engenharia de dados.

CONCLUSÃO FINAL

A jornada pela engenharia de dados apresentada neste livro foi cuidadosamente estruturada para oferecer uma visão abrangente, prática e técnica sobre os principais aspectos dessa área em constante evolução. Neste último capítulo, recapitular os aprendizados é essencial para consolidar o conhecimento adquirido e refletir sobre como aplicar essas habilidades no mundo real. Além disso, esta conclusão destaca a importância da engenharia de dados como um pilar fundamental para as organizações e reconhece o esforço do leitor em explorar e dominar este campo.

Capítulo 1: Introdução à Engenharia de Dados

Iniciamos com uma visão geral da engenharia de dados, destacando sua relevância no cenário atual. Abordamos como a explosão de dados transformou a engenharia em um campo estratégico para empresas, explorando conceitos fundamentais, responsabilidades dos engenheiros e o impacto do trabalho na tomada de decisões baseadas em dados.

Capítulo 2: Python e SQL no Contexto de Engenharia de Dados

Exploramos a combinação poderosa de Python e SQL para manipulação e análise de dados. Demonstramos como integrar essas ferramentas em pipelines, com exemplos práticos para consultas SQL e automação em Python.

Capítulo 3: Fundamentos de Bancos de Dados Relacionais e Não-Relacionais

Comparações entre bancos de dados relacionais e não relacionais foram apresentadas, destacando casos de uso e arquiteturas.

Ferramentas como PostgreSQL e MongoDB foram exemplificadas para ilustrar a aplicação prática.

Capítulo 4: Estruturas de Dados e Algoritmos para Engenharia de Dados

Conceitos fundamentais de estruturas de dados, como listas, árvores e tabelas hash, foram explorados junto com algoritmos essenciais para processamento e otimização.

Capítulo 5: Modelagem de Dados

Abordamos técnicas de modelagem de dados, desde esquemas normalizados até estratégias de desnormalização. Exemplos práticos de diagramas entidade-relacionamento (ERD) ajudaram a consolidar os conceitos.

Capítulo 6: Introdução a ETL (Extract, Transform, Load)

Apresentamos o processo ETL, incluindo suas etapas e ferramentas populares como Apache Nifi e AWS Glue. Foram discutidas as melhores práticas para garantir pipelines ETL robustos.

Capítulo 7: Automatização de Pipelines de Dados com Python

Exploramos como automatizar pipelines com Python e frameworks como Apache Airflow. Scripts práticos exemplificaram a criação de tarefas orquestradas.

Capítulo 8: Consultas Avançadas em SQL

Técnicas avançadas, como subconsultas, índices e otimização de consultas, foram detalhadas para maximizar o desempenho em bancos de dados.

Capítulo 9: Integração de Dados em Ambientes Híbridos

Discutimos estratégias para integrar bancos de dados locais e na nuvem, destacando ferramentas como AWS Database Migration Service.

Capítulo 10: Trabalhando com Dados em Tempo Real

O conceito de processamento de dados em tempo real foi abordado, com ferramentas como Apache Kafka e AWS Kinesis.

Capítulo 11: Data Warehousing

Apresentamos a construção de armazéns de dados, usando Amazon Redshift e Snowflake, e exploramos estratégias para análises históricas.

Capítulo 12: Monitoramento e Otimização de Pipelines

Identificar gargalos e otimizar pipelines foi o foco, utilizando ferramentas como Prometheus e logs detalhados.

Capítulo 13: Segurança e Governança de Dados

Políticas de acesso, criptografia e conformidade com GDPR e LGPD foram exploradas para garantir a proteção de dados sensíveis.

Capítulo 14: Engenharia de Dados em Ambientes de Big Data

O uso de Hadoop e Spark para lidar com volumes massivos de dados foi explicado, com exemplos de processamento distribuído.

Capítulo 15: Integração com APIs e Web Services

Discutimos como consumir dados externos usando APIs REST e SOAP, com exemplos práticos em Python.

Capítulo 16: Machine Learning e Engenharia de Dados

Preparação de dados para aprendizado de máquina foi explorada, destacando técnicas de limpeza e transformação para modelos.

Capítulo 17: Testes Automatizados em Pipelines de Dados

Estratégias para implementar testes unitários e de integração em pipelines foram detalhadas para garantir confiabilidade.

Capítulo 18: CI/CD para Engenharia de Dados

Práticas de integração e entrega contínuas foram aplicadas ao contexto da engenharia de dados, com exemplos de pipelines CI/CD.

Capítulo 19: Arquitetura de Dados na Nuvem

Construção de pipelines escaláveis em AWS e Google Cloud foi o foco, com estratégias para armazenamento e processamento eficiente.

Capítulo 20: Introdução ao DataOps

Exploramos como aplicar práticas de DevOps em pipelines de dados para melhorar colaboração e automação.

Capítulo 21: Trabalhando com Data Lakes

Estratégias para organizar dados não estruturados em data lakes foram apresentadas, usando ferramentas como Amazon S3.

Capítulo 22: Desempenho e Escalabilidade de Consultas SQL

Otimização e tuning de consultas SQL foram explorados, incluindo a criação de índices e particionamento de tabelas.

Capítulo 23: Visualização de Dados para Engenharia

Ferramentas como Matplotlib, Seaborn e Tableau foram destacadas para criar visualizações que comunicam insights de maneira eficaz.

Capítulo 24: Desafios e Tendências na Engenharia de Dados

Discutimos as tendências emergentes, como DataOps, e os desafios enfrentados, como qualidade de dados e escalabilidade.

Capítulo 25: Estudo de Caso Completo

Um pipeline completo foi desenvolvido do início ao fim, consolidando todos os aprendizados anteriores.

Reflexão

A engenharia de dados está no centro das transformações digitais e da inovação organizacional. Como um campo interdisciplinar, ela conecta ciência da computação, estatística e negócios para criar soluções que transformam dados brutos em informações valiosas. O que diferencia um engenheiro de dados de sucesso é sua capacidade de aplicar princípios sólidos a problemas complexos, aproveitando as ferramentas e práticas mais avançadas para oferecer resultados escaláveis e confiáveis.

Ao dominar os conceitos apresentados neste livro, o leitor está preparado para enfrentar os desafios do mercado e contribuir ativamente para o avanço de sua organização. A prática contínua, combinada com a adoção de novas tecnologias, garantirá que o aprendizado se transforme em resultados práticos e impactantes.

Agradecimento

Obrigado por embarcar nesta jornada de aprendizado e exploração. Sua dedicação em concluir este manual demonstra um compromisso impressionante com seu desenvolvimento pessoal e profissional. Espero que este livro tenha sido uma fonte valiosa de conhecimento e inspiração para você.

A engenharia de dados é uma área dinâmica e desafiadora, e você já deu um passo importante para se destacar nela. Continue explorando, aprendendo e aplicando as habilidades adquiridas. O futuro da engenharia de dados é brilhante, e você tem as ferramentas para moldá-lo.

Cordialmente,
Diego Rodrigues & Equipe!

www.ingramcontent.com/pod-product-compliance
Lightning Source LLC
LaVergne TN
LVHW051231050326
832903LV00028B/2346